# 一间小教室，十个大行动

郭丽萍 编著

『向日葵班』孩子们读了很多书，他们会写诗歌、童话、小说，这是每个语文教师都向往的课堂！

山西出版传媒集团　山西教育出版社

**图书在版编目（C I P）数据**

一间小教室，十个大行动/郭丽萍编著. —太原：山西教育出版社，2016.7（2020.1 重印）
（新教育文库. 蒲公英书系）
ISBN 978-7-5440-8549-6

Ⅰ. ①一… Ⅱ. ①郭… Ⅲ. ①小学-教学研究 Ⅳ. ①G622.0

中国版本图书馆 CIP 数据核字（2016）第 135386 号

**一间小教室，十个大行动**
YI JIAN XIAO JIAOSHI，SHI GE DA XINGDONG

**文库统筹** 童喜喜
**特邀策划** 文龙玉
**出版统筹** 潘 峰
**责任编辑** 许亚星
**复　　审** 李梦燕
**终　　审** 杨 文
**装帧设计** 任东海
**印装监制** 蔡 洁

**出版发行** 山西出版传媒集团·山西教育出版社
（太原市水西门街馒头巷 7 号　电话：0351-4035711　邮编：030002）
**印　　装** 山西康全印刷有限公司
**开　　本** 720×1020　1/16
**印　　张** 17.5
**字　　数** 236 千字
**版　　次** 2016 年 7 月第 1 版　2020 年 1 月第 4 次印刷
**书　　号** ISBN 978-7-5440-8549-6
**定　　价** 38.00 元

# 新教育文库

## 总 序

教育实验是一项细致而长久的工程，需要通过一代人去影响另一代人，不能急于求成，不能故步自封，一定要学会等待，一定要耐得住寂寞。

新教育实验更不例外。

中国教育有许多弊端，但仅仅是怒目金刚式的斥责和鞭挞，虽然痛快却无济于事。对于中国教育而言，最需要的是行动与建设，只有行动与建设，才是真正深刻而富有颠覆性的批判与重构。

新教育实验就是寓行动于重构之中，寓批判于建设之中。

新教育要做的，就是给教师和学生一种幸福完整的教育生活、一个开阔无垠的精神视野，让他们更深切体验人的内心的复杂性，不但要了解生命的伟大和宇宙的博大，而且要感受生活的丰富与人性的丰厚。

从2000年《我的教育理想》的出版，新教育思想悄然萌芽，到2014年"新教育文库"的第三版修订，此时此刻的中国大地上，2000多所学校的200多万新教育师生，正走在新教育的路上。

以追寻理想的执着精神、深入现场的田野精神、共同生活的合作精神、悲天悯人的公益精神，埋首耕耘，成就我们的人生、我们的教育、我们的民族。这就是新教育精神的本质内涵。

新教育追求高度，但永远不会高高在上；新教育培养卓越的教师，更关注普通的教师；新教育不是一个精英俱乐部，而是一个宽容开放的团队。新教育始终敞开胸怀，永远等待、拥抱理想主义者。真实的新教育，永远在田野中，在千千万万默默无闻的普通老师的教室里。

新教育人，就是这样一群有着共同梦想，遵守共同标准的志同道合者。彼此为对方的生命祝福，彼此珍惜生命中偶然的相遇，彼此作出郑重承诺，共同创造一间又一间完美的教室，共同书写一篇又一篇生命的传奇。

新教育不求无懈可击的理论体系，而是强调行动起来，在实践中思考，在实践中提升，在实践中成长。帮孩子成为自己，让我们成为自己，一个完整的幸福的自己。我们不是人类文明的创始者，但人类文明可以通过教育的伟大理想穿越时空，通过我们今天的行动变为现实。

当然，我们也知道，只有对新教育的认识从“概念”向“信念”推进，由“理想”转向“思想”引领，激发出人们深沉的情感、执着的意志，从精神世界的积淀表现为主题的自觉行动时，新教育实验才可能真正成为人生力量和教育智慧的策源地。

“新教育文库”，正是总结、梳理、传播新教育人的所行所思所得的一种努力。无论是经验还是教训，这一路跋涉的足迹，将成为指向明天的路标。在这套文库中，不同书系有着不同定位：我们希望用“通识书系”积淀下新教育的根本书籍，用“蒲公英书系”及时总结一线教育经验，用“萤火虫书系”全力搭建家校沟通的平台……我们并不准备用一部部书籍堆砌功名的城堡，但我们盼望这一部部心血凝成、行动书写的图书，能够成为一块块砖石，铺就一条通往彼岸的桥梁。

那么，新教育的彼岸是什么模样?

我想，彼岸是一群又一群长大的孩子，从他们身上能清晰地看到：政治是有理想的，财富是有汗水的，科学是有人性的，享乐是有道德的。

亲爱的新教育同仁，我们正在这条通往彼岸的船上。让我们同心同行，过一种幸福完整的教育生活。

行动，就有收获。

坚持，才有奇迹。

朱永新

2016年6月20日于北京滴石斋

# 小教室大乾坤

（代序）

一个偶然的机会，我认识了郭丽萍，收下了这个“编外徒弟”。我告诉她，师傅领进门，修行在个人，关键是要遵循成长的规律，比如按照新教育专业阅读、专业写作、专业交往的路径去自主自觉地成长。我还告诉她，应该努力把自己的教育故事写成一部伟大的传奇，小教室同样可以拥有大乾坤。

于是，她在一间叫作“向日葵”的小小教室里，开始了自己的新教育探索。晨诵课程、阅读课程、生命叙事课程、家校课程……她都不亦乐乎地践行着。

记得有一次我看到“向日葵”教室里庄子悦同学的诗集，其中有一首小诗《星星》：

小鸟儿呀，
不要急，
不必为食物担心。
天一黑，
你就不会挨饿了。

你看，
在天空中，
有着一粒一粒，
美味的，闪烁着的，
种子。

很难相信，这样的诗歌出自三年级孩子的笔下。但在“向日葵班”，几乎每天可以看见，几乎每个人都是小诗人，每个人都创作了自己的小说。

我多次参加这间教室的活动，拿到了一大批打印成册的诗歌与小说作品，见证着这间教室的成长。从每个学期各不相同的生命叙事剧，一年级的《犟龟》到四年级的《青鸟》，从简单的模仿儿童诗，到写出颇具哲理的诗歌；从简单的记叙文，到情节复杂生动的小说……孩子们惊人的变化，让我欣喜欣慰。北京戏剧学院的专家告诉我，在他指导的所有学生中，“向日葵班”的孩子是最优秀的！

郭丽萍也在与孩子们一起成长。四年来，她每天坚持阅读教育著作，每天坚持记录自己的教育生活，每周给学生父母写家校信，她报名成为新教育种子计划的种子教师、新教育网络师范学院的学员，在网络上结交了一批志同道合的老师朋友，与此同时，她在学校带起了一行10人的新教育团队，开启了共读共写之旅……

早在去年年初，她就把这几年的探索汇编成一本《向日葵在成长》，希望我作序。她告诉我，学校的宋继东校长特别支持。当时我拦了下来。在我的学生和徒弟中，郭丽萍灵气并不是最足，读书也不是最多，践行新教育更不是最久，我总是鼓励她慢慢来，沉住气，积累更多的素材，打磨更美的文字。我希望她悄悄地做完六年，为这间教室留下一个完整的记录，创作出让大家惊喜的作品。她听从了我的建议，放弃了出版计划，继续用心耕耘自己的教室。

没想到大半年之后，她的另外一个“师父”、种子计划的首席培训师飓风老师对我说，郭丽萍的故事挺感人的，会激励更多的普通新教育老师追寻梦想，激情从教。她希望我“松口”。飕风大姐对工作要求很高，郭丽萍的成长能得到她的认可难能可贵。我有点动摇了。

不知道什么时候，郭丽萍又把书稿交到了儿童文学作家、新教育出版统筹童喜喜老师那里。童喜喜是种子计划项目的发起者，也是第一任项目负责人，对种子教师感情特别深厚。童喜喜竟然在通读第一稿之后，提出了全新的书稿提纲，从新教育十大行动的角度全面梳理，以“故事+操作”的模式给一线老师以直接的启发借鉴。郭丽萍根据提纲，利用寒假重新整理出第二稿，童喜喜再次审读提出意见，郭丽萍又完成了第三稿的修订。

当童喜喜把第三稿推荐给新教育特聘的出版顾问、资深出版人文龙玉老师，纳入了出版计划后，新的工作又开始了：文老师又从编辑的专业角度，提出了诸多修订意见，郭丽萍继续一遍又一遍地打磨着……

我知道，我拦不住这部书的出版了。而且我开始意识到，从某种意义上说，这部书稿的诞生，不正是体现“专业交往”的力量所在吗？

从浅层次看，这只是书稿出版；从深层次看，体现的是生命的成长。如果不是有种子计划、新教育网师这样的专业项目，不是喜喜、飕风、蓝玫、硕果等专家团队的引领，不是种子教师、网师学员之间互相的激励鼓舞，郭丽萍的成长不会这样迅速。包括文老师对她进行的指点，与其说是打磨书稿，更恰当地说是指导她的教育写作。正是置身于这样的共同体内，一位普通的老师才会在最短时间爆发不普通的力量。

郭丽萍一直感恩与新教育的相遇。她写过：“尽管，我只是一名普普通通的教师，教师身份让我有一份相对稳定的工资收入，纵然与奢侈品无缘，但也衣食无忧，这时候，灵魂的归属感便提上日程。自从搭上新教育这辆列车，这种归属感、幸福感距自己就越来越近，有很多时候就在身边，可感可触。”她说，是新教育，让她真正地找到了作为一个教师的尊严，找到了内心充盈的感觉。

郭丽萍是勤奋而执着的。我相信，她不会因为这本书的出版而飘飘然，更不会因此而停止自己的探索。

欣慰地写下这些文字，为“向日葵”教室喝彩，为徒弟加油，为更多的新教育的网师学员、种子教师鼓劲。小教室，大乾坤。再小的教室，有了梦想就会很大；再大的教室，没有梦想也会很小。在新教育共同体内，无论教师、父母、孩子，无论教育管理者还是一线践行者，每一个人都能在创造中不断获得自身新的成长。

朱永新

2016年6月16日夜于北京滴石斋

# 只有成长，才能更幸福

## （校长序）

流光，不言不语，却在静谧中开出明亮的生命之花；幸福，若隐若现，却在灯火阑珊处悄然等待着。从事工作数十载，我最喜欢看到的是孩子们向着他们的老师扬起一张张笑脸，最喜欢听到的是教室里发出的银铃般的声音。这个时候，我觉得教育最有意义。

时常听到许多人感叹：现在的学生太不幸福了，拥有着最好的教育资源却丢失了幸福的童年。是的，在教育中时常出现这样一种令人奇怪而无奈的现象：学生不快乐，教师不幸福。前些年，朱永新教授发起了新教育实验，提出教育的目标是“让师生过一种幸福完整的教育生活”，把教育的重点重新回归到人的本身，这既是对教育的改革，也是对教育本真的回归。很多学校和教师积极响应，参与教育教学研究和实践。《南风窗》说新教育实验是一场对抗“教育异化”的实验，我深以为然。

郭丽萍老师在学校的支持下，2012年9月加入新教育实验，她带领学生广泛阅读，共同写作。她的教室里，生日赠诗、创编儿童诗、读写绘课程等开展得有声有色，学生的诗歌、童话、小说多次在《作文导报》和《北京晚报》发表，或出版图书。郭老师边实践边积累，自己每天写教育教学随笔。朱永新教授说过，专业写作就是站在自己的肩膀上攀升。新教育实验的专业写作，不以博取外在的名利为目标，也不是为了写作而写作，而是对教育生活的总结、归纳、剖析、反思和提升。郭老师正是通过这样的日积月累，不断提升专业素质，连续四届被评为海淀区语文学科带头人，同时被评为北京市优秀教师、北京市先进工作者、北京市“紫禁杯”优秀班主任。《一间小教室，十个大行动》是郭丽萍所带的“向日葵班”从一年级到四年级的成长记录，也是郭丽萍老师对于教改教研的思索与实践。

郭老师是一个做事认真、爱生如子的人。每天与孩子们朝夕相处，点点滴滴的言传身教，从知识的学习到人格的培养，为人师表，令人敬重。每带一个班级，师生感情深厚，学校和父母之间关系融洽，学校教育与家庭教育良性互动，童心教育深得孩子父母认可。记得一个学期末，学校安排郭老师接任新的班级，原来班级的家长得知消息后，派了十几位家长代表到办公室找我，希望不换班主任。假期中，父母们联名写信，恳切希望郭老师继续带原来的班。一位父母在心中写道，郭老师在孩子的心中就像妈妈，您可曾想过孩子换妈妈的感受？我为学校有这样赢得父母信赖的老师而感动。

郭老师是一个通达而又执着的人，她一直走在教育改革的前沿，而又始终守护着教育的初心。一间小小的教室，十个不平凡的行动，郭老师四年如一日，在她的教室里默默劳作。在她的“向日葵班”，孩子们热心于文学创作，每个学期末还要举行一次隆重的庆典，全班同学共演一幕剧，《丑小鸭》《人鸦》《青鸟》等剧目给师生留下了深刻的印象。当我看到在那一间小教室里的十个大行动时，我确信，教育路上定会开满幸福的花朵。

非常感谢朱永新教授将新教育实验带进首师大附小，新教育实验是对我们倡导的童心教育理论基础的完美解读；感谢郭丽萍老师执着坚守教育信念，行走在幸福完整的教育之路上；感谢孩子的父母们将自己也作为真正的教育者参与到行动中来；最应感谢的是孩子们，当幸福挂在孩子们的脸上时，我们的教育就真正成功了。

一室一世界，有书有爱有生活，教研教改已悄然在我们的“向日葵班”生根、发芽、茁壮生长，相信不久会在我们的每一间教室蔚然成大观，全体师生在新教育实验和“童心办学理念”的共同润泽中，不断成长。只有成长，才能更幸福！

宋继东

（作者为北京首都师范大学附属小学校长）

# 目 录

# 第一章　营造书香校园

## 一、书香校园是首师大附小的金色翅膀

我是一名幸运的教师。十年前，我来到北京首都师范大学附属小学。这是一所迅速成长、生机勃勃的学校，以“童心教育”为办学理念，追求“人的发展”，关注“学生的成长”，观照“孩子的心灵”，培养能创造幸福、感知幸福的学生；为教师的职业发展铺路，培养懂儿童的教师。在几年的教育实践中，学校取得了可喜的成绩，尤其是在课程管理、科研方面，成为北京市的先进学校，获得“全国特色学校”的殊荣。学校的发展给我们教师提供了很大的平台，在这个平台上，我有幸接触到了朱永新教授关于新教育的理念，并很快加入了新教育实验，而后成为新教育的“种子教师”，获得很多荣誉。其实，我只是一个认认真真耕耘的园丁，我让我带的“向日葵班”充

分接受了新教育实验的阳光雨露，具体说来，是在我的班上进行了新教育的“十大行动”。

“十大行动”的第一个行动便是“营造书香校园”。什么是营造书香校园？朱永新教授认为：通过创造浓郁的阅读氛围，整合丰富的阅读资源，开展多彩的读书活动，让阅读成为师生最日常的生活方式，进而推动书香社会的形成。

书籍是我们了解历史和认识世界的一扇窗口。人类的智慧和文明，可以通过书籍保存。书籍是经验教训的结晶，是人类宝贵的精神财富，是采掘不尽的矿藏，是走向未来的基石。读书是人类重要的学习方式，精神的提升和传承必须强化阅读。一个养成了读书习惯的人是一个自由而幸福的人。让学生养成读书习惯，培养学习能力，是学校教育的目的之一，是教师的主要教学内容。我了解到新教育的许多种子教师、榜样教师，带着学生阅读，小学几年读下来，每个学生读了几百本书，开论坛，搞创作，写论文，真个是阅读放飞了灵魂！我开始向这些教师学习，让孩子们进入快乐的阅读天地。

我们的学校也特别重视阅读，在十年前就提出了“让读书成为习惯”“让读书像呼吸一样自然”的思想，而今新教育的书香校园理念与我们学校的倡导读书很好地融合。长期以来，学校每月都购买新书丰富图书馆资源，校长带头赠书给全校同学及学生父母，开展家校共读活动。每个教室都有专门的小书柜，每个学期都开展形式多样的阅读活动，校园里处处有孩子沉浸在阅读中的身影。结合新教育实验，我们开展了一系列阅读活动，如今，当你走入首师大附小，你会处处见悦读，时时闻书声。首师大附小正在营造一个书香校园，书香校园像我们学校的金色翅膀，带着孩子们快乐地翱翔。

## 二、阶梯阅读，使孩子们的想象力飞翔

我于2012年在一年级任班主任兼语文老师，我带的“向日葵班”从一年级起就进行有计划、有步骤的阅读，根据孩子的年龄特点和兴趣爱好，结

合新阅读研究所给的必读书目和推荐书目，制订阅读内容，安排阅读活动，跟进所有的阅读反馈环节。从一年级接班到现在的四年级，四年的阶梯阅读，每个孩子一学期至少读十几本书，有的孩子一个学期的阅读量达几百万字。经过四年的书香熏陶，孩子们感受到了极大的读书乐趣，很多同学的想象力和创造力被点燃，在阅读的同时创作出属于自己的作品。

**1．一年级——读写绘**

"读写绘"是低年级学生的一种阅读方法。"读"，主要是给学生讲故事。"写绘"，是让学生听了故事后，用纸笔对自己的想法或做法进行记录、表达。

一年级的学生年龄小，接触到的文字也比较少，语言表达能力还十分有限，尤其是书面语言表达力不从心，而运用线条、图形、色块来表达心情、感受的能力较强，有创造潜能。因为学生认字少，会写的字更少，所以这个时期主要以"绘"为主，"写"为辅，通过"写"与"绘"结合来锻炼、丰富学生的表达能力。

从第一周开始我们每天午读绘本。课前的15分钟，我准备好绘本PPT（演示文稿），在班级大屏幕上播放。内容一般由老师选，结合孩子年龄特点，选择关于"入学、守纪、友爱、互助、智慧"等主题的绘本。篇幅短小的绘本一个中午就可以读完，阅读之后让孩子们自由地写写画画，也有的孩子回家后会给爸爸妈妈讲故事，爸爸妈妈代笔写下来，由孩子配图。长一些的绘本故事可以读两三天，甚至可以用一周的时间读，边读边展开讨论，边读边进入角色，表演其中的内容。

一个学年下来，我们阅读了《大卫不可以》《我爸爸》《我妈妈》等近百本绘本，给大家留下印象最深的是"巴巴爸爸"系列，其乐无穷，百读不厌。我们反复读，读后孩子们有了灵感，借助书中的人物自己创作，于是在学期末开展了"美好的巴巴爸爸"创作活动，孩子们的作品有单幅图，也有多幅图，画图之后，结合图讲述故事。对于这个过程孩子们乐此不疲，以这样的方式取代以前的看图写话，事半功倍。

读写绘这种学习方式，可以有效地激发孩子的表达热情，使孩子能够运用已经拥有的能力去表达。

下面选取的是一年级学生的几篇作品。

【附】学生绘本创作选

## 巴巴爸爸和悠悠去上学

张嘉迅

1. 星期三，天气非常好，巴巴爸爸和悠悠一起去上学。

2. 晨读时，悠悠发现自己忘了带《弟子规》，她很着急。“可里可里可里，巴巴变！”巴巴爸爸变成了一本《弟子规》。悠悠说：“谢谢您，巴巴爸爸。”

3. 上音乐课时，音乐老师发现钢琴坏了，小朋友们听不到美妙的琴声了，大家都很着急。“可里可里可里，巴巴变！”巴巴爸爸变成了一架钢琴，音乐老师叮咚叮咚地弹了起来。大家说：“谢谢您，巴巴爸爸。”

4. 体育课上，悠悠很想跳绳，巴巴爸爸变成了一根塑料跳绳。

5. 放学了，悠悠和巴巴爸爸跟老师说再见以后，一起回家了。

6. 回到家中，妈妈笑眯眯地问：“你们今天过得开心吗？”悠悠和巴巴爸爸齐声回答：“真开心！”

**老师点评**：习作按图画的先后顺序，紧扣图意向我们讲述了巴巴爸爸和悠悠去上学直到回家的事。晨读时悠悠忘带《弟子规》了，巴巴爸爸变成了一本《弟子规》；音乐课时，钢琴坏了，巴巴爸爸变成了一架钢琴；体育课上，悠悠很想跳绳，巴巴爸爸变成了一根塑料跳绳。在小作者的笔下，“巴巴爸爸”这一人物形象被塑造得活灵活现，充分展示了小作者高超的想象力。此外，习作语言顺畅，表述明白，结构也较严谨。

## 巴巴爸爸

陈思嘉

有一个叫巴巴伯的小东西，这个小东西特别调皮。有一次，巴巴爸爸削羊毛的时候，他就往爸爸那边跑，结果把他的毛毛也削喽。巴巴伯生气地哭了，他想要它的毛毛，然后，巴巴妈妈给他重新做了一件巴巴伯外套，跟巴巴伯长得一模一样，但它的头是灰色的，手是灰色的，屁股也是灰色的。巴巴伯本来是黑色的，结果它变成灰色的巴巴伯了。

有一天，巴巴伯起得可早了，他要和巴巴贝尔、巴巴祖、巴巴布莱特玩儿。巴巴布莱特他们都跟巴巴伯约好了8点起床，但是巴巴伯

6点就起来了，因为巴巴伯太高兴了。巴巴伯起这么早，把大家吓了一跳。巴巴伯心想：他们会不会也给我搞一个恶作剧呢。他想着想着想通了——肯定不会搞。其实，巴巴伯想错了。

有一天，巴巴伯跟他们约好了，几点起床，什么时候去一趟公园，但是他们说的是假话。巴巴伯还没醒，他们就在巴巴伯的床头上放了一瓶炸药，炸药里装了很多很多的气体，气要是一足，炸弹就会“叮儿”一声响，响完过一分钟，炸弹就爆炸了。他们就那样——5、4、3、2、1——“嘣”，把巴巴伯也炸了一下，巴巴伯的心脏“呜……”，毛也炸掉了，巴巴伯又哭了。然后，他们说：“你为什么要折腾我们？”巴巴伯说：“早点去不好吗，你们为什么用炸弹炸我呀？”

巴巴伯不放弃，他接着恶作剧去了。他还买了一本书——专门搞恶作剧的书，这本书那么厚，他看两年也看不完。巴巴伯一边看一边想：“这回我可美了，恶作剧，恶作剧，我来了，我最喜欢搞恶作剧了，嘿嘿嘿，看这回他们还敢不敢欺负我，我可有恶作剧这本书啊。”

说着说着，他就有了一个美滋滋的鬼主意，他高兴得不得了，他也拿一个炸弹去吓唬他们了。这个炸弹不会爆炸，是塑料做的，火也是彩纸做的，这是巴巴伯自制的炮弹！他把炸弹放在巴巴祖他们床头，让他们听一听炸弹的声音。巴巴伯说：“咚咚，现在——是炮弹发射的时间，请快逃离！”巴巴祖他们没看见，巴巴伯就假装大叫：“啊，不好了，不好了！炸弹！”

然后，巴巴祖他们醒了，巴巴伯立马就回家了，连半分钟都不到就“刺溜”冲到家里去了。他们看到，其实那个炮弹不是真的。巴巴伯还在继续看这本书，这是他最爱的一本书了，因为上面有好多恶作剧，要是他学会了，就谁也比不过他了。

巴巴伯放学之后，遇到了巴巴祖、巴巴拉、巴巴布莱特，巴巴布莱特他们没看巴巴伯，直接就走了，巴巴伯还听到了：“走，咱别理他，他不是想给我们弄恶作剧吗？走！”

巴巴伯知道自己的错误了，以后，再也不敢了。

**老师点评：**这篇习作能算是小说了，人物、环境、情节俱全。习作讲的是“调皮”的巴巴伯恶作剧的故事。一开始，巴巴伯还以为他的朋友们也爱搞恶作剧，于是开始了自己的恶作剧之旅。为了将恶作剧进行到底，巴巴伯买了一本专门讲恶作剧的书，还自制了“炮弹”。读完之后，一个有着好学精神、爱恶作剧、勇于改过的人物形象跃然纸上。

**2．二年级——创作连环故事、动物日记**

兴趣是最好的老师，是从事任何活动的动力。当学生把阅读当作一种兴趣、休闲活动，就会养成阅读的习惯，获得各种知识，对于陶冶学生的情操，培养其审美能力，提高学生语文水平，提高文化素养，也是至关重要的。因而培养阅读兴趣是十分重要的一点。学生对阅读感兴趣，才能从内心深处对课外阅读产生主动需要，才会减轻疲劳感，才能把阅读当成是一种享受，才能感受阅读的乐趣，也才能事半功倍。

到了二年级，孩子们对于绘本依旧有浓厚的兴趣，于是我们继续读绘本。这时的阅读内容有时候是教师推荐，有时候是孩子把在课外阅读到的好绘本好故事带到班级分享。老师推荐的绘本大多源自新教育（新阅读研究所）推出的必读书目和基础阅读书目，也有的是来自朱永新老师的每日微博，孩子推荐的书一般是自己购买或在图书馆看到的，因为自己很喜欢，就拿到班级和老师同学共同分享，这样也使我们的阅读内容丰富起来。

有些绘本读起来内容过于简单，比如《母鸡萝丝去散步》有非常丰富有趣的画面，文字却寥寥无几，而孩子们又非常感兴趣。于是，我借助这样的图片带着孩子们创作连环故事，每个孩子都有自己的观察角度，每个孩子都有自己的语言表达方式。同样的图画，创作出来的故事各不相同，但都是活泼有趣的，把班级42个孩子创作的故事聚集在一起，形成了一本我们自己的班级图书——《我们和母鸡萝丝一起去散步》。除此之外，二年级正是观察力、想象力、语言表达能力发展的最佳时期，我带着孩子写观察和想象日记，观察对象是动物，边观察边记录，可以直接写自己看到的、想到的，也可以以童话的形式表达。只要是孩子们喜欢的方式，他们就会很开心地投入其中，真正达到在玩中学的目的，而不仅仅是在完成老师布置的任务。

考虑到二年级学生天真，好奇心、求知欲强，善于模仿，好提问题，喜爱表达，思维形象具体，所以在说写训练中，我常常启发学生大胆思维、想象和表达，还注意启发学生的求异思维。

**【附】二年级的“动物日记”和《母鸡萝丝去散步》**

## 鸵鸟日记

高静如

2013年11月5日

五年前我从妈妈的蛋里被孵出来了，我是一只小鸵鸟，我叫依依。我生活在广阔的非洲大草原上。我最爱吃植物和一些小昆虫。我爱奔跑，我还爱和同伴们一起打闹，我生活得非常自由快乐。

2013年11月20日

今天我和小伙伴在玩耍的时候，突然看到路边的房子旁有一个大笼子，里面关着一只鸵鸟，它看起来很悲伤。我赶紧跑了过去，问：“你怎么了？”“我叫灰灰，我小时候被人类抓走了，他们要拿我的皮做皮包，所以才把我关在笼子里，我再也不能奔跑玩耍了，也见不到爸爸妈妈了。”说着灰灰流下了眼泪。我赶忙安慰它说：“别着急，我会想办法救你出来的。”

2013年11月21日

昨天回来后我就找我的伙伴们商量办法，后来我们想出了一个好办法。我的一个伙伴把人类引出来，我趁机把笼子的钥匙叼了出来，赶紧打开笼子，灰灰得救了。我们赶紧离开房子，朝着草原的方向跑去，因为我们跑得快，人类抓不到我们了，我们成功地逃跑了。从此灰灰就和我们快乐地生活在一起了。

**老师点评：**日记借鸵鸟之口，讲述“我”是如何凭借智慧，救助同类灰灰成功逃离人类的“牢笼”的故事。日记是分三块来“记”的。第二块说“我”发现灰灰被关，第三块是“我”巧用智慧救出灰灰。三块文字说的是一个故事，字里行间透露出作为鸵鸟的“我们”的不幸以及超人的天赋，表达了小作者关爱动物的好品质。

## 母鸡萝丝去散步

文字作者：王浚伊

母鸡萝丝喜欢散步，尤其是在夏天。这一天，母鸡萝丝又去散步，看看会发生什么好玩的事情呢？

母鸡萝丝出门去散步

这天，天气晴朗。母鸡萝丝要出去散步。出门前，公鸡对她说：“太阳落山的时候，要赶快回来呀！别忘了吃晚饭哟！”萝丝说：“好的！”然后，她就出门了。但是，她没有注意到，有一只狐狸悄悄地跟在她的后边，还吐着舌头呢！

萝丝走过院子的时候，狐狸猛地扑了过来。狐狸心想：“我就快捉到萝丝了。今天晚上能吃上烤萝丝鸡腿了！”

哈哈！但狐狸这次可倒霉了！

他像僵尸一样踩到了耙子的尖齿上。结果，耙子把儿狠狠地砸中了狐狸的脑瓜。“哎呦，疼死我了！我的脑瓜好疼啊！气死我了，我定要捉到萝丝。”

萝丝绕到了一个池塘边。狐狸心想："这次，你可跑不了了。"

但萝丝还不知道，后面有一只凶猛的狐狸向她扑过来了。她看到小鸟在枝头叽叽喳喳地叫，听到青蛙呱呱大叫，看到蝴蝶在使劲地扑腾翅膀。他们仿佛在说："萝丝，你赶紧逃啊！你的后面有一只凶猛的狐狸在追你，向你扑过来了。"

"扑通"，狐狸扑了个空，掉进了浅浅的池塘里，溅起了铺天盖地的水花。

小青蛙高兴地跳了起来，因为萝丝安全了。

狐狸咬牙切齿地想："气，气，气，气死我了。我向上天发誓——我一定要捉到萝丝。"

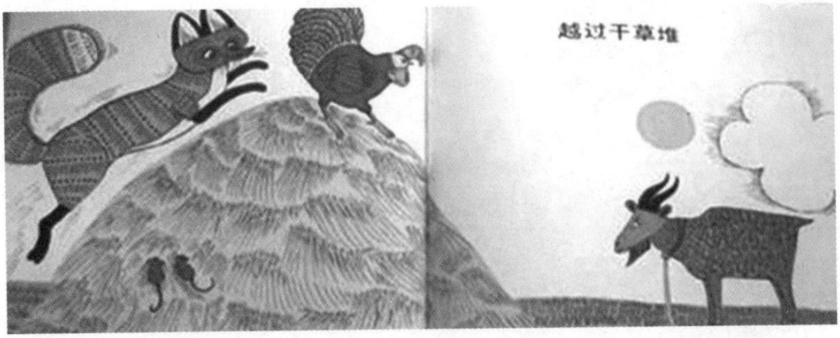


萝丝又爬到了干草堆上。狐狸又扑了上来，心想：“她没有公鸡在干草堆上那么敏捷，这次肯定会抓住她的。”

旁边的小老鼠看见了，就吱吱地叫起来。

可惜，萝丝听不懂鼠语，不知道小老鼠们在说什么。于是，她准备走下干草堆。

狐狸又扑了个空，一头扎进了干草堆，被又硬又尖的干草划破了身躯。

狐狸这时候心想：“难道，我刚才没有拜好？这次，我得拜好了——天灵灵，地灵灵，太上老君快显灵，请让我捉到母鸡萝丝吧！”

萝丝又走过磨坊。狐狸现在蹑手蹑脚地跟踪着萝丝。但是，还是被小鼹

鼠发现了。

于是，小鼹鼠吱吱吱吱地叫起来。

可是，萝丝不懂鼹鼠语，还在往前走。但是，她绊到了一根绳子，把一袋面粉从磨坊里请了出来。

这时候，狐狸正好扑过来，面粉袋也正好砸在狐狸的头上，把狐狸弄成了一个狐狸“雪人”。

小鼹鼠这时也喊道：“好球！正中脑袋。”

狐狸这时在想：“南无阿弥陀佛！南无阿弥陀佛！天灵灵，地灵灵，太上老君快显灵，让我捉到萝丝吧！求求您了！”

当萝丝穿过篱笆的时候，狐狸又追了上来。狐狸一个高扑，想抓住萝丝。但他没有注意到前面的三辆小推车，也没有注意到一只小蛾子在给萝丝发信号。萝丝不懂蛾语，所以又悠闲地走开了。

狐狸正好扑在了一辆小推车上，和小推车一起顺着斜坡往下滚。

当萝丝穿过蜜蜂房的时候，狐狸正好与手推车一起冲向蜂房，把一排蜂房都撞倒了。

狐狸这时候心想：“如来佛祖啊，救救我吧！天灵灵，地灵灵，太上老君快显灵，求求你，不要让蜜蜂来蜇我。”

但是，他的愿望没有实现。一大群黄蜂飞奔着，把狐狸追到了山顶。但萝丝却安然无恙地回家了。

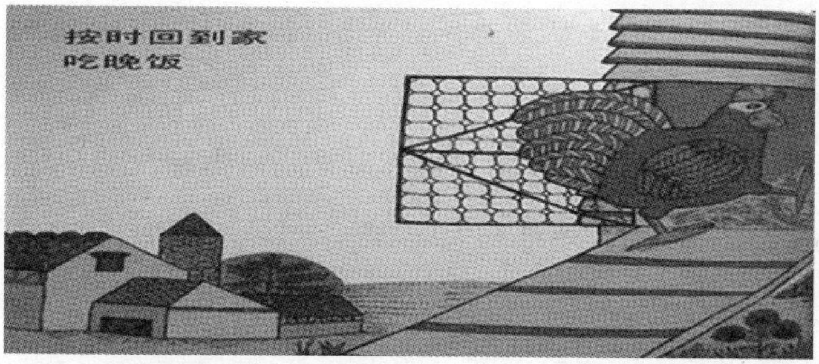


回到家，萝丝和公鸡一起痛痛快快地吃了一顿特别丰盛的晚餐。

**老师点评：**王浚伊小朋友的故事一波三折，母鸡萝丝去散步，遭遇可恶的狐狸盯梢。在小伙伴们的帮助下，狐狸为它的不良行为付出了足够的代价：踩到耙齿，砸中脑瓜；掉进池塘，溅起水花；扎进草堆，划破身躯；面粉砸中头，变成雪狐狸；扑上小推车，滚下斜坡；黄蜂飞奔，追到山顶。故事中，最鲜活的人物形象莫过于这只倒霉的狐狸了，这也是小作者所想表达的善有善报、恶有恶报的主题。

### 3．三年级——创作长篇童话故事

三年级是学生习作的开始，要文从字顺地写好一段话，要把握段落的结构特点，这对于高年级写整篇文章是一个重要的基础阶段，因此抓好三年级学生的习作至关重要。根据学生的年龄特点，首先引导学生克服写作畏惧心理，不断培养学生写作的兴趣。在三年级写作教学上，一开始我们对学生要求不要太高，不追求字数，不要求统一的表达顺序，不盲目阅读效仿优秀作文。一句话，揠苗助长是不可取的。我结合学生对阅读的兴趣，因势利导，在激发学生的写作热情之后，尊重学生的思考与表达，在此基础上多读、多写、多听。

三年级的孩子，明显长大了许多，他们不满足阅读绘本和一些桥梁书，对《苹果树上的外婆》《人鸦》《夏洛的网》等系列图书非常热衷，我们共同阅读，还分角色排练演出。在排演剧目的同时，对书的内容和书中的人物有了更加深入的了解，把阅读向纵深推进了一步。

随着阅读的深入，孩子们的书面表达能力也在日益增强，有的孩子开始产生创作小说的欲望。既然孩子们想，老师就推波助澜，给孩子们创造时间和空间，引导他们写。为了让孩子们在课堂上有时间做这件事，我把自己的语文教学进行了大胆改革，整合相关内容，精讲和略读相结合，也有时候是单元整合，利用两个多月的时间将课本学完，再专门进行一次“图书馆周”。这一周，每天的语文课都在图书馆里进行，大量阅读，带着思考和研究阅读，为自己的小说创作积累写作方法和创作灵感。接下来的日子就开始了班级的小说创作之旅，每天写一个章节，老师结合孩子们的书写情况进行讲评、指导，孩子们再写，老师再点评指导，如此循环，大约三周时间就能结束小说创作之旅。余下的日子复习，迎接期末考试，复习时间虽然短，我们做的练习测试卷少之又少，但是每次的考试成绩都是喜人的，真是阅读“悦”读，读出有智慧、有思想的好孩子。

胡心怡同学写了一篇童话故事《小黄雀历险记》，共有11章。

**【附】《小黄雀历险记》目录及内容节选**

## 小黄雀历险记（目录及内容节选）

目录：

第一章：从天而降的礼物
第二章：收拾物品，准备出发
第三章：巧遇当当
第四章：巨石山谷
第五章：过夜
第六章：啊！山猫！
第七章：敌人
第八章：集会
第九章：逃离大部队
第十章：闯关大赛
第十一章：回到大森林

内容节选：

### 第一章：从天而降的礼物

温暖的三月里，田边的一条小溪在涓涓流淌，发出银色的光芒。小溪边的森林里传来清脆的鸟鸣，不时有几只小兔子从森林里蹦出来，喝一口甜甜的溪水。在森林里一棵粗壮的大树上，住着黄雀一家。黄雀爸爸到远方去了，只留下黄雀妈妈来照顾小黄雀。虽说正在被妈妈照顾，但小黄雀已经六个月了，他叫叮叮。他的妈妈经常叫他自己出去走一走、玩一玩。

一天下午，妈妈像往常一样，让叮叮出去玩玩。叮叮开心地飞到一棵树上，正准备高声鸣叫，忽然，从高空掉下来一块石头，哦不，那是一个盒子，正好掉到了叮叮的头上。叮叮被砸得头昏眼花，从树上摔了下去。

叮叮捡起那个盒子，打开一看，里面装着一张纸条，纸条上写着：

巨石山谷，旅游胜地，如有谁要去巨石山谷，请和棒棒糖旅游团联系。电话：123456789000。备注：只能去鸟类。截止日期：3月5日。

叮叮回过头来一想，自己就是鸟类，而且现在是3月2日，还没到截止日期，何不报名呢？于是他立刻拿着这张纸条回家找妈妈商量。

……

**老师点评：**小说讲述的是一只机灵、调皮、可爱的小黄雀，在一个偶然的机会，得到一份从天而降的礼物，从此开启了他的历险生涯。小说中人物众多，每一个人物的个性都十分鲜明：速速，一只鹦鹉，语速很快，性子很急；丽丽，心灵手巧，心地善良；红红，个儿高腿长，脑子好使……特别是主人公叮叮，面对困境和强敌，智勇超群。

小说中，小作者对小动物们遭遇的两次险情写得都很细腻。

一次是遭遇山猫。叮叮运用智慧，巧妙“组装”了个“大怪物”：红红的腿和身子就是怪物的腿和身子，叮叮和当当是怪物的头，大日和小云是怪物的眼睛，丽丽挡住速速，速速充当配音员。当这一怪物走到山猫面前时，山猫吓得魂都没了，转身逃了。

另一次是遭遇敌人。面对强大到自己无法撼动的敌人，主人公叮叮审时度势，权衡利弊，最终决定带着伙伴们集体逃离，可见小主人公有着强烈的集体责任感和超人的智慧。其中的一个细节很值得品味：发现狐狸时，叮叮仔细梳理自己得到的信息：“（1）那几只大鸟是狐狸扮的。（2）狐狸准备暗杀我们。（3）暗杀活动在后天进行。”从中可见小主人公临危不乱，智慧超群。

此外，小作者还写到逃离大部队后，在花园闯关的情节：找羽毛、喂小狗、比赛飞行，集体的智慧与团结协作的力量在这里得到了充分的展示。如果小主人公之前独自逃离，无论如何也回不了家。

小主人公的家是温馨的，涓涓流淌的小溪，充满生机的森林，关爱自己的妈妈爸爸。小说开始营造的氛围，以及结尾带着伙伴们回到森林的家一起住下，既照应了开头，也体现了小作者过人的群体意识。

**4．四年级——小说创作**

四年级我们继续阅读，孩子们对于阅读题材的选择更为灵活宽泛，自主性阅读多，老师适当布置，适时集中反馈，学生有更多的表达和创作的愿望。习作是由段到篇的过渡阶段，这个阶段需要老师在方法上巧妙地引导。比如写人物对话，学生喜欢用“我说”“他说”“我又说”“他接着说”，冒号引号一直用到底。我提示学生，课本或是我们阅读的书中，关于人物的对话形式主要有四种：一是提示语在前，二是提示语在中，三是提示语在后，四是没有提示语，独句成段。不同的提示语有不同的表达效果，在写对话的时候不能采用单一的形式，这样会显得呆板僵化，了无生趣。这些要求如果干巴巴地提出来，学生在写作中还是摸不着头脑，自己的文章还是不知道如何运用提示语。我把习作的指导和课外阅读以及小说创作联系起来，既能让学生明白，又能很好地使他们体会这样写的表达效果，一举两得。

因为热爱，孩子们对小说创作很有热情，四年级我们继续这项活动。三年级写小说之后，我把孩子们的作品交给学校的李晓晖副校长看，写得最少的孩子写了5000多字，最多的孩子达到两万字，李校长看后很满意孩子们的创作，学校出资把孩子们的小说结集成书，这样就有了我们班的第一本小说集。这也再一次激发了孩子们的创作欲望，孩子们的创作热情更加高涨。其实，细细读来，有惊喜也有不足，很多孩子的小说严格意义上讲不是小说，人物性格特点并不突出，情节也是一个又一个的重复，没有跌宕起伏，更缺少环境描写。四年级创作之前我在这些方面给予指导，再找一些优秀作品，借助作品分析如何描写环境，体会为什么要有环境描写，理解其作用。同时我也在人物的塑造、如何抓住特点、如何突出特点、如何使人物形象更加鲜活等的指导上加大了力度。同时在孩子创作之后老师写序言、请爸爸妈妈或长辈写序言，同学之间相互阅读，相互写读后感，从多个方面再次促进孩子思考和读写能力的提高。

与三年级时相比，四年级学生创作热情高涨，涉猎内容更为丰富，习作的可读性明显增强。比如李江浩同学，担任大队委，他兴趣广泛，先后学习过围棋、素描、单簧管、足球、游泳、羽毛球等文体项目，酷爱读书，勤于练笔，从一年级至今已拥有12本自己的作文、诗歌、童话、绘画作品，多篇习作还发表在校报和《语文导报》上。李江浩素来热爱探险类图书，2014年年底在老师的悉心指导及家长的鼓励支持下，尝试创作了第一部小说《小动物森林历险记》。同时因酷爱和崇拜特警英雄，遂于2015年6月他又创作了第二部小说《超级特警》。他还非常崇拜科学家，对科学探索类题材感兴趣，于2015年12月又创作了小说《疯狂实验室》。《疯狂实验室》是一个相对成熟的作品，构架合理，情节起伏跌宕，有细节描写，语言表现也比较畅达。

**【附】《疯狂实验室》的序、目录和老师点评**

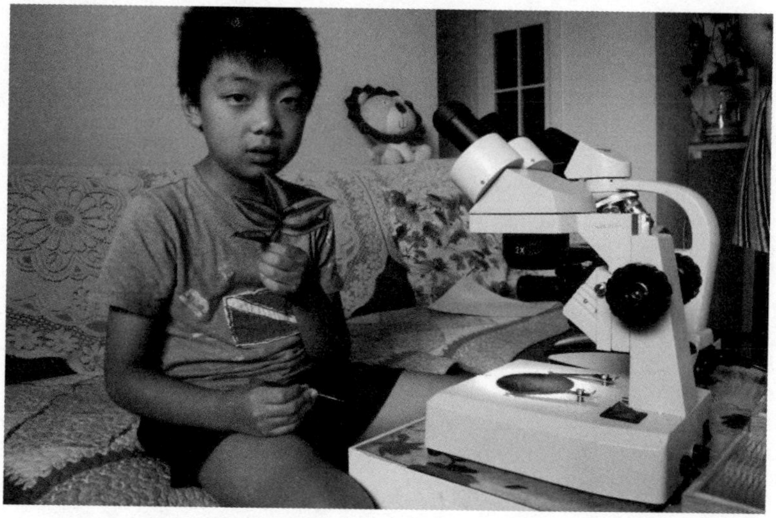

序（一）（郭丽萍老师）

## 好一个“不甘心”

鲍勃做研究，一次又一次失败，每一次失败之后，没有沮丧，有的只是满满的不甘心，对于这样的不甘心我大加赞赏！

没有谁能随随便便成功，鲍勃也是一样，而不一样的是面对失败的态度和不轻易服输的勇气。阅读你的这篇小说，能使人的内心充满积极向上的力量，这就是闪着金光的正能量！我知道，再过三天你才满十周岁，不满十岁的孩子小说中能有如此深刻励志的“立意”，让老师叹为观止！写文章都是有感而发，你精彩的构思更让我深有此感！

一部优秀的小说，定会有让人震撼之处，你的小说中有许多科学知识，如“叶子可以进行光合作用，宠物对油脂感兴趣，电荷有吸附能力”等，这些和你的实验主题息息相关。一个不满十岁的孩子能如此博学，怎能不令人震撼呢?

一部优秀的小说，使人印象深刻过目不忘的常常是那些细节。鲍勃进行实验，有时候急得直挠头，有时候茅塞顿开；有时候是一点一点地刷，有时候是眼疾手快，迅速盖上；有时候是独自回家，有时候是奔回实验室……这些细节能让人有身临其境之感，也就是老师平日里讲的“带入感”，使读者阅读时忘记了自己，脑子中是活生生的人物、实验……

一部优秀的小说不是一蹴而就的，在撰写的过程中也如鲍勃做实验，并非一帆风顺。但鲍勃的不甘心，也是小作者心中的不甘心，于是，老师为如此“不甘心”点赞！

也正因为有如此“不甘心”，小作者的智慧才能愈加“疯狂”！

好一个“不甘心”！

2015年12月11日

序（二）（李江浩的奶奶）

## 留住孩子的科学梦

今年年末，看到孙儿江浩刚刚写完的第三部小说《疯狂实验室》时，他已是恰满十岁的大男孩儿了。一口气读完这部小说，给我最大的感受是孩子的写作主题更有创意，内容更加时尚，用词更加流畅，想象力也更加天马行空了。

读着这部小说，仿佛与江浩在他的“疯狂实验室”里一起遨游，不禁被孩子炽热的科学痴情深深地感动了……这一刻，我似乎懂得了，江浩不仅崇拜荒野求生的贝尔、崇拜个个身怀绝技的特警英雄，同样也深深崇拜科学家和他们不屈不挠的科学探索精神！

……

小说中的研究成果是经历了无数次近似疯狂的实验才取得的。江浩用大量篇幅描写鲍勃面对一次次的实验失败从不气馁，最后终于实验成功并获得诺贝尔环保奖的故事，说明孩子已开始懂得了要攀登科学高峰和取得任何成功，都要历经磨难，都要坚持奋斗，都要有一股“不服输”的劲头。我想，培养这种坚韧的性格，正是当下家长们对独生子女的殷殷期盼吧！

小说中塑造的科学家鲍勃和他的同事组成了一个执着严谨、敬业奉献的科研团队。在江浩眼中，他们同样是自己崇拜的大英雄。如第三章中小作者告诉我们，鲍勃已经在实验室连续工作了五天了，当他拖着疲倦的身子走在路上准备回家休息几天时，看到一只小狗追着一个抱着一盆吊兰的小男孩突然有了新的灵感启发，这时的鲍勃“瞬间忘记了疲惫和期待已久终于来了的假期，三步并作两步又奔回实验室”继续新的实验了。仅“瞬间”“奔回”几个字，足以让我看到孙儿对科学家忘我工作的无比钦佩之情！

……

是啊，孩子天马行空的科学想象力简直像是插上了飞翔的翅膀，尽情地向我们述说着“疯狂实验室”里发生的那些感人的日日夜夜、点点滴滴。其实我何尝不知江浩小说中那些煞有介事的科学专业名词和所谓的实验原理几乎都是他自己杜撰和想象的，但这些童心、童趣、童语恰恰折射出孩子幼小的心灵里涌动着渴望探索科学的美好愿望和理想。

有时我真想象不出一个刚满十岁连物理、化学、生物都从未学过的四年级的小学生，怎么能编写出如此花样繁多、令人眼花缭乱的实验过程和离奇的遭遇。不过这倒让我从另一个侧面想到，他一定是调动了自己平时积累的所学、所看、所思、所想，这也正是和江浩从小常随家长外出旅行开阔眼界，热衷参观各类博物馆，酷爱看科技电影、看书，喜欢在家里自己动手做各种小实验，小脑袋瓜里装满了科学探索的好奇与向往有关。

当然，除了家长的帮助和孩子自己的努力，我觉得最要感谢的还是学校和校长几年来全力开展童心教育并鼓励孩子放飞理想，感谢孩子的各位科任老师以及始终牵着孩子的小手不辞辛苦全身心地引导孩子追梦的班主任郭丽萍老师！

孩子的成长自由激发孩童的独特动力，真心希望江浩继续保持这份童心和梦想。我坚信，当孩子的科学梦想实现之时，那将是他们长大成材报效祖国之日。

留住孩子的科学梦吧！让我们随孩子的理想一起扬帆起航。

2015年12月25日

《疯狂实验室》目录：

第八章　实地实验二

第九章　获奖

**老师点评：**

文末，小作者是这样写的："今天是2037年6月，那个奖牌摆在桌子上，一旁的科学家们又开始了新的研究实验了。"这是在告诉我们，他所写的故事是虚构的，是想象的。可阅读的时候，我们完完全全被小作者营造的情节吸引住了。

主人公鲍勃在休斯敦市中心的柏斯林实验室上班。一个偶然的机会，有了"误打误撞"的发现——可吸附杆菌和二氧化碳的"圣物"，且取了个好听的名字——"X同位硫化铜β物质"。

由此，鲍勃和同事开始了一系列实验。随着"轰"的一声巨响，第一次实验失败了。可鲍勃没有气馁，他在失败中找出原因，吸取经验，努力争取下一次的成功。

一次偶然的机会，鲍勃看到了一只小狗追着一个抱着一盆吊兰的小男孩。鲍勃从小狗的身上获得了启示：吊兰身上有一种特殊的油脂，小宠物都喜欢闻到这种味道。跟着，鲍勃提取油脂涂抹在β物质上，β物质的效率提升了许多。

可紧接着，鲍勃又想到了外观问题。色粉、水粉、油画颜料、油漆……鲍勃的实验室五颜六色了。

解决了颜色问题，大小的问题又摆在了鲍勃的面前——怎样将β物质切小点儿？怎样让它"弯弯曲曲"更好看点儿？当这些问题都解决了，鲍勃开始检验β物质的实际效用。经过无数次实地实验，鲍勃成功了，他申请了专利，并将β物质命名为"硫酸铜人造净化物"，并开始制订生产计划。

后因一个记者给诺贝尔环保奖管理局打电话，鲍勃踏上了去往北京领奖的征程。

故事情节跌宕起伏，人物形象丰满逼真，相关细节灵动自然，给我们留下深刻印象。由此可见，小作者笔下的鲍勃有着为了科学追求锲而不舍的精神，为了造福人类勇于奉献的精神，为了科学实验不惜放弃自己的休息时间、持之以恒地坚守阵地的精神。

其间，相关名词术语的使用，以及所进行的发明物命名，说明了小作者有着丰厚的知识积累，有着丰富的阅读经历，有着扎实的文字功底。

## 三、建设我们的书香教室

### 1. 班级图书馆建设

培养孩子的阅读习惯，让孩子从小就能感受到阅读的快乐，学会从阅读中寻求和发现自己感兴趣的领域，获得阅读带给他们的持续发展力，开启孩子的智慧，是推动孩子阅读的目的。要实现这个目的就不能仅仅停留在理念的层面，而应该从日常的教育教学实践出发，一点一滴地渗透到具体的行动中。教室，是孩子们在学校生活的主要空间，教室内拥有丰富、美好的藏书，更有利于开展丰富多彩的主题阅读活动，于是我组织学生及其父母一起来构建班级图书馆。

班级书柜由学校配备。图书有三个来源，孩子父母自愿向班级赠书；由家委会出面收费，集体购书；结合阅读需要向学校申请。这样，每学期都有新书入住班级图书馆，班级图书馆就在学生的身边，可以随时拿到自己喜欢的书来读，这就使学生可以利用在校内的一些零散的时间来进行阅读。

班级图书馆有了好书，却还不能算是真正建立起来，还有很重要的一点是要帮助学生管理好班级图书馆，让班级图书馆真正发挥它的最大效用。班级通过竞选或同学推荐的形式选出各班图书馆小馆长，其实就是小管理员，负责组织同学整理、借阅以及登记刚刚购买的图书等等。有的班级小馆长可以是轮换的，也可以固定一人管理，并经常做整理、登记、购买图书之类的工作。我们还允许学生将班级图书馆的书带回家中阅读，但要求读完后按时归还。

由于班级图书馆全部是开放的，所以学生可以随时取阅自己想看的书。对在书籍流通过程中出现的破损或污迹，我们会要求孩子们尽可能自己动手尝试做一些修补。我们希望孩子们明白，让一本书保持一种最好的状态，是对书籍以及作者的尊重，是一种基本的教养。

围绕班级图书馆开展许多非常有意思的活动，在活动中把全体学生和家庭的阅读热情带动起来。比如，最常见的形式便是围绕一本书开展班级共读共演活动，组织学生召开班级读书会，让学生以各种形式呈现自己的阅读成果，交流自己的阅读收获。每年的寒假和暑假都会给学生布置阅读方面的作业，包括绘本阅读与自创绘本，设计完成阅读小报、创意书签，制作班级阅读展板，进行经典书籍片段展演等等，通过这些丰富多彩的形式让学生甚至孩子父母尽可能地参与进来，形成浓厚的班级阅读氛围。

构建班级图书馆有很多好处，图书馆拥有的图书越丰富，阅读活动开展得越频繁、越有趣，班级学生越有活力。

**【附】新教育研究推荐的基础书目和推荐书目100本**

**（1）30本基础书目：**

小学低段（1—2年级，10本）

文学 《蝴蝶·豌豆花》金波/编，蔡皋/画

《稻草人》叶圣陶/著

《没头脑和不高兴》任溶溶/著

《小猪唏哩呼噜》孙幼军/著，裘兆明/图

《我有友情要出租》方素珍/著，郝洛玟/绘

《不一样的卡梅拉（我想去看海）》[法] 约里波瓦/著，[法] 艾利施/图，郑迪蔚/译

科学 《第一次发现丛书·濒临危机的动物》法国伽利玛少儿出版社/编，雨果/绘，王文静/译

《神奇校车（在人体中游览）》[美] 乔安娜·柯尔/著，[美] 布鲁斯·迪根/图

人文 《千字文·三字经·弟子规》周兴嗣、王应麟、李毓秀/著，罗容海、郝光明等/译注

《中国神话故事》 聂作平/编著

小学中段（3—4年级，10本）

文学 《千家诗》谢枋得、王相/编选，李乃龙/译注

《三毛流浪记》张乐平/绘

《宝葫芦的秘密》张天翼/著，丁午/图

《安徒生童话》［丹麦］安徒生/著，叶君健/译

《长袜子皮皮》［瑞典］林格伦/著，李之义/译

《亲爱的汉修先生》［美］贝芙莉·克莱瑞/著，柯倩华/译

科学 《奇妙的数王国》 李毓佩/著

《让孩子着迷的77×2个经典科学游戏》［日］后藤道夫/著，施雯黛、王蕴洁/译

人文 《林汉达历史故事集》林汉达/著

《书的故事》［苏联］伊林/著，胡愈之/译

小学高段（5—6年级，10本）

文学 《西游记》吴承恩/著

《城南旧事》林海音/著

《草房子》曹文轩/著

《我的妈妈是精灵》陈丹燕/著

《夏洛的网》［美］E·B·怀特/著，任溶溶/译

科学 《科学家故事100个》叶永烈/著

《昆虫记》［法］法布尔/著，陈筱卿/译

《地心游记》［法］凡尔纳/著，杨宪益、闻时清/译

人文 《孔子的故事》李长之/著

《少年音乐和美术故事》丰子恺/著

（2）**70本推荐书目：**

小学低段（1—2年级，15本）

文学 《百岁童谣》山曼/编著

《寻找快活林》杨红樱/著

《十兄弟》沙永玲/编著，郑明进/绘

《月光下的肚肚狼》冰波/著

《格林童话选》［德］格林兄弟/著，魏以新/译

《让路给小鸭子》［美］麦克洛斯基/著，柯倩华/译

《青蛙和蟾蜍》［美］阿洛·洛贝尔/著，潘人木、党英台/译

《木偶奇遇记》［意大利］卡洛·科洛迪/著，徐调孚/译

《了不起的狐狸爸爸》［英］罗尔德·达尔/著，代维/译

《我和小姐姐克拉拉》［德］迪米特尔·茵可夫/著，陈俊/译

科学 《一粒种子的旅行》［德］安妮·默勒/著，王乾坤/译

《鼹鼠博士的地震探险》［日］松冈达英/著，蒲蒲兰/译

《动物王国大探秘》［英］茱莉亚·布鲁斯/文，兰·杰克逊/图，杨阳/译

人文 《笠翁对韵》 李渔/著

《人》［美］彼得·史比尔/著，李威/译

小学中段（3—4年级，25本）

文学 《武松打虎》刘继卣/绘

《孙悟空在我们村里》郭风/著

《让太阳长上翅膀》金波/著

《小英雄雨来》管桦/著

《戴小桥全传》梅子涵/著

《舒克贝塔航空公司》郑渊洁/著

《我是白痴》王淑芬/著

《雪花人》［美］马丁/文，阿扎里安/图，柯倩华/译

《父与子》［德］卜劳恩/绘，洪佩奇/编

《丁丁历险记》［比利时］埃尔热/编绘，王炳东/译

《爱丽丝漫游奇境记》［英］刘易斯·卡罗尔/著，王永年/译

《柳林风声》［英］肯尼斯·格雷厄姆/著，任溶溶/译

《小飞侠彼得·潘》［法］巴里/著，杨静远/译

《时代广场的蟋蟀》［美］塞尔登/著，傅湘雯译

《窗边的小豆豆》［日本］黑柳彻子/著，岩崎千弘/绘，赵玉皎/译

科学 《生命的故事》［美］维吉尼亚·李·伯顿著/绘，刘宇清/译

《最美的科普》［德］雅各布/著，顾白/译

《可怕的科学（科学新知系列）》［英］考克斯/著，［英］高达德/绘，阎庚/译

《101个神奇的实验》［德］安提亚·赛安，艾克·冯格/等，［德］夏洛特·瓦格勒/绘，谢霜/译

《我的第一本科学漫画书》［韩］洪在彻等/著，林虹均/译

人文 《成语故事》李新武/编

《最美中国童话·传统节日篇》汉声杂志社/编

《讲给孩子的中国地理》刘兴诗/著

《希腊神话故事》聂作平/编著

《儿童哲学智慧书（第一辑）》［法］奥斯卡·柏尼菲等/著，乐迈特等/绘，李玮/译

小学高段（5—6年级，30本）

文学 《绘本聊斋》蒲松龄/著，马兰、王育生等/改编，吴明山、叶毓中等/绘

《寄小读者》冰心/著

《有老鼠牌铅笔吗?》张之路/著

《四弟的绿庄园》秦文君/著

《我要做好孩子》黄蓓佳/著

《狼王梦》沈石溪/著

《狼獾河》格日勒其木格·黑鹤/著

《铁丝网上的小花》［意］格莱兹/著，［意］罗伯特·英诺森提/

绘，代维/译

《鲁滨孙漂流记》［英］笛福/著，徐霞村/译

《汤姆·索亚历险记》［美］马克·吐温/著，刁克利/译

《福尔摩斯探案集》［英］柯南·道尔/著

《小王子》［法］圣埃克絮佩里/著，周克希/译

《永远讲不完的故事》［德］米切尔·恩德/著，李士勋/译

《哈利·波特与魔法石》［英］罗琳/著，苏农/译

《不老泉》［美］娜塔莉·巴比特/著，吕明/译

《牧羊少年奇幻之旅》［巴西］保罗·柯艾略/著，丁文林/译

科学　《超新星纪元》刘慈欣/著

《潘家铮院士科幻作品集》潘家铮/著

《安德的游戏》［美］奥森·斯科特·卡德/著，李毅/译

《森林报》［苏联］维·比安基/著，王汶/译

《万物简史（少儿版）》［美］布莱森/著，严维明/译

《科学家工作大揭秘：昆虫学家工作揭秘》［英］理查德·斯皮尔伯利、［英］路易斯·斯皮尔伯利/著，王庆/译

人文　《中国读本》苏叔阳/著

《老子说》《庄子说》蔡志忠/编绘

《世纪三国》［澳大利亚］罗伯英潘/绘，钟孟舜/漫画，罗吉甫/撰文

《中国孩子的梦》谷应/著

《莎士比亚戏剧故事集》［英］查尔斯·兰姆，玛丽·兰姆/改写，萧乾/译

《希利尔讲艺术史》［美］希利尔/著，李爽、朱玲/译

《诺贝尔奖获得者与儿童的对话》［德］贝蒂娜·施蒂克尔/编，张荣昌/译

《居里夫人的故事》［英］杜尔利/著，二粟/译

**2．以形式多样的阅读活动发展学生的语言和思维**

阅读本身不是目的，我们希望借助阅读活动来培养学生的语言表达能力，同时促进思维向纵深发展。

以往的阅读，我们大多满足于了解主要内容，有时候甚至在简单地追求阅读的数量，往往以统计阅读书目的数量和字数评价阅读优劣。经过一段时间观察发现，很多学生为了追求所谓的阅读数量囫囵吞枣，还有的以假乱真欺骗老师。这样的阅读不是在有意识地培养、锻炼、发展他们的思考能力，不能恰到好处地启发他们的智慧、发展他们的语言表达能力。

于是，我想办法促使学生在阅读的时候积极动脑，开展了“我和作者对话”“我为某本书写序言”“介绍我的书偶像”等活动，使阅读和语文训练、思维训练紧密联系。

每个学期，我们还写我的读书故事。爱阅读的孩子总会有让人意外、让人惊喜的故事发生，这些故事对自己、对其他同学都能产生积极的影响。我们还开展和爸爸妈妈共读活动，比如做个小记者，了解爸爸妈妈喜欢读的书，调查对爸爸妈妈影响最大的一本书，在调查了解的同时，使家庭有很好的读书氛围，更好地让孩子热爱阅读。

**【附一】学生在阅读活动中的记录**

## 采蜜集（一）

——假期阅读记录　给自己的阅读打分（之一）

| 日期：1月27日 | 阅读时间：大约2小时 | 大约字数：95千字 |
|---|---|---|
| 书名或故事名：《玻璃间》 | | |
| 主要内容概括：（抓住事情的时间、地点、人物、起因、经过、结果来写）<br>童喜喜来自山区的好朋友单笑来到了她的家，童喜喜觉得单笑总是比自己能干、聪明、懂事，妈妈还拿单笑来做榜样……童喜喜开始与单笑争风吃醋。直到单笑在玻璃里发现了一个奇妙的王国后，两人一同被卷入异乎寻常的世界…… | | |

| | |
|---|---|
| 晒晒我的阅读感悟 | 这本书是我在“嘭嘭嘭”系列中读的第一本书，我非常喜欢，它描述的方法很特别：(1) 主人公的名字和作者姓名相同，看起来好像作者在讲故事一样，并采用第一人称“我”来叙述，显得十分亲切。(2) 作者的切入点颇有意思，从生活到处都有的玻璃入手，再延伸到玻璃里“日不落玻璃帝国”的四层塔楼，有一层人们的贫穷，有二层人们的辛勤劳动，还有三层人们较幸福的生活，以及国王（四层）的贪图享乐……一看就是小小社会的样子。(3) 里面用了各种修辞手法，而我对本书的感悟是：①珍惜现在的生活，不要等失去了才后悔莫及。②一个真正的朋友需要守护。 |
| 我印象深刻的句子或段落 | “嗯……”我哼哼了一声，含糊地用我每天的老话继续赖床，“春宵一刻值千金，今天君王睡懒觉。” |

自我评价：书写整洁（　　）　内容饱满（　　）　语句通顺（　　）

## 采蜜集（二）

——假期阅读记录　给自己的阅读打分（之二）

| 日期：　月　日 | 阅读时间：大约（　）小时 | 大约字数：150千字 |
|---|---|---|
| 书名或故事名：《漂亮老师与坏小子》 | | |
| 主要内容概括：（抓住事情的时间、地点、人物、起因、经过、结果来写）<br>她叫米兰，她上课以学生为主，充分地调动学生的积极性和主动性，使用了一种全新的课堂教学模式。她喜欢通过自己的努力做好每件事。 | | |
| 晒晒我的阅读感悟 | 这本书是《五三班的坏小子》的续集，讲述了师范大学中文系毕业的漂亮女大学生米兰，在一次偶然的机会中被聘为白果林小学六三班的班主任，因此与坏小子H4发生了一系列既温暖又幽默风趣的故事。她带领学生跳吧啦吧啦操。她去家访编造“谎言”，送偏方。她教一个软弱的男生如何捍卫自己的尊严。在上课前化妆则体现了她对学生的尊重，考试前她竟带着全班同学去郊外踏青……在这些故事中，米兰老师认识了肥猫，认识了豆芽儿，认识了米老鼠，认识了兔巴哥，认识了六三班。 | |

| | |
|---|---|
| | 《漂亮老师与坏小子》很好看，融入了作家杨红樱阿姨对教育的思考。什么样的老师才是好老师呢？校长心目中的好老师与学生心目中的好老师一样吗？老师与学生的关系是不是应该平等？漂亮的米兰老师把人性关怀放在首位的全新教育观念，给读者很大的启迪，提出了很多我们应该去思考的问题。思考这些问题，你可能会回味无穷，你会成长，也会有新的目标。 |

自我评价：书写整洁（　　）　内容饱满（　　）　语句通顺（　　）

## 采蜜集（三）

——假期阅读记录　给自己的阅读打分（之三）

| 日期：2月19日 | 阅读时间：大约（10）小时 | 大约字数：260千字 |
|---|---|---|
| 书名或故事名：《高老头》 | | |
| 主要内容概括：（抓住事情的时间、地点、人物、起因、经过、结果来写）<br>欧也纳对着天空发誓：再不去拜访那些上流社会的人物，放弃上流社会。还不如回到乡下照看母亲，陪伴妹妹。<br>第二天，他带上行李，逃回乡下。他要在那里过称心如意的生活，再也不来巴黎。 | | |
| 晒晒我的阅读感悟 | 巴尔扎克，我不知道称呼您叔叔、伯伯还是爷爷，但您的高老头，真让我叹为观止。我最感叹的是人物的描写，首先名字就起得好，比如说，伏脱冷先生一听就是个阴险狡诈的家伙，而到后来，我对他的印象真是越来越差，最后还不是成了苦役犯。我对维多利小姐印象不错，至于那个伏盖太太真是个爱财鬼，人家不过是少付些食宿费，住房环境差就够受的了，她还看不起人家，甚至在那里估算面包大小。<br>您还有个写作方法让我惊叹，那就是有些人物开始对他（她）的印象不太好，结果后来发现他（她）是个好人，比如说欧也纳，我本来以为他就想发财，还做着女人梦。结果到后面，我只对他和皮安训有好感。我喜欢您的书，巴尔扎克叔叔（伯伯或爷爷），我下次购买全套！ | |

自我评价：书写整洁（　　）　内容饱满（　　）　语句通顺（　　）

## 采蜜集（四）

——假期阅读记录　给自己的阅读打分（之四）

| | | |
|---|---|---|
| 日期：　月　日 | 阅读时间：大约（　）小时 | 大约字数： |
| 书名或故事名： | | |
| 我为这本书《　　　　　　》写广告词： | | |
| 我有话对书中的主角说 | | |

自我评价：书写整洁（　　）　内容饱满（　　）　语句通顺（　　）

## 采蜜集（五）

——假期阅读记录　给自己的阅读打分（之五）

| | | |
|---|---|---|
| 日期：　月　日 | 阅读时间：大约（　）小时 | 大约字数： |
| 书名或故事名： | | |
| 阅读《　　　　　》，我有疑问： | | |
| 晒晒我的阅读思考 | | |

自我评价：书写整洁（　　）　内容饱满（　　）　语句通顺（　　）

# 采蜜集（六）

——假期阅读记录　给自己的阅读打分（之六）

<table>
<tr><td>日期：　月　日</td><td>阅读时间：大约（　）小时</td><td>大约字数：</td></tr>
<tr><td colspan="3">书名或故事名：</td></tr>
<tr><td colspan="3">我为本书重新设计开头或结尾：</td></tr>
<tr><td>我想和本书的作者说</td><td colspan="2"></td></tr>
</table>

自我评价：书写整洁（　　）　内容饱满（　　）　语句通顺（　　）

## 采蜜集（七）

——假期阅读记录　给自己的阅读打分（之七）

| 日期：　月　日 | 阅读时间：大约（　）小时 | 大约字数： |
| --- | --- | --- |
| 书名或故事名： | | |
| 我的书偶像：（写一写，画一画） | | |
| 我给本书写序言 | | |

自我评价：书写整洁（　　）　内容饱满（　　）　语句通顺（　　）

**我的阅读存折**

姓名（　　） 年级（　　） 第（　　）学期

| 阅读日期 | 书名 | 作者 | 我对这本书的评价（说明观点，并举例说明理由） |
| --- | --- | --- | --- |
| | | | |
| | | | |
| | | | |
| | | | |
| | | | |
| | | | |
| | | | |
| | | | |
| | | | |
| | | | |
| | | | |
| | | | |
| | | | |
| | | | |
| | | | |

**【附二】学生们的阅读故事**

## 我的读书故事之《鼠洞奇遇记》

刘子涵

四年级上学期时，我的二姑知道我很爱读书，就给我寄来了一套书，叫《风铃树丛书》系列，里面的书都特别好，我都很喜欢。

其中有一本书，我一看到就被吸引住了，怎么也离不开它，这本书名叫《鼠洞奇遇记》。我拿起来翻开就看，里面讲的故事特别有意思，这本书里的主人公是一个小孩，他们家很穷，为了生存，他和他的妈妈就缩小了，变得比老鼠还要小，结果就正好遇到他们家老鼠洞里的老鼠。他和老鼠们每天一起玩，还教老鼠们写字，因为老鼠们没法握笔，所以都用尾巴来写呢！（主人公不是用尾巴）老鼠们都挺聪明的呢！

光读了我的简介，你们就应该很想看了吧，真正看到书里内容的我，就更是这样了！自从我看到这本书，就再也不想离开它，我希望每时每分每秒都能看到它。从那时开始，我就一直在看这本书，换衣服时也不忘看一眼；吃饭时也吃一口，看一眼；就连睡觉前不到最后一秒我也不放下书，我恨不得变成有特异功能的人，可以不吃、不喝、不穿、不睡，时时刻刻都能看书。

看完这本书以后，我觉得，世上还是好人多。老鼠世界里也一样，如果没有老鼠们的帮助，主人公和他的妈妈就很难坚持过这个冬天，所以，让我们做一个助人为乐的好人吧！

**老师点评：**小作者先简要介绍了自己所读的书，特别是有关《鼠洞奇遇记》中小主人公的介绍，激起了读者们阅读的兴趣。紧跟着，小作者透过“换衣服时”“吃饭时”“睡觉前”这一系列细节写出了自己对这本书的喜爱。文末，小作者还不忘将主题升华一把，这“世上还是好人多”。是啊！连老鼠世界里都不乏好鼠，我们不是更应该做一个助人为乐的好人吗？

## 我的读书故事

陈思嘉

阅读可以帮你解开难题，阅读可以帮你静下心来，阅读可以使你更有收获。我喜欢阅读，因为我觉得书里有你在别的地方挖不到的宝藏。爸爸妈妈为了使我读更多的书，而且能提高效率，就想出了一个办法。爸爸说：“书非借不能读也。”如果书是借来的，读的速度就会更快。有一天，爸爸带我来到海淀图书馆，借了三本书，一本鱼类的，一本鸟类的，一本植物类的。这三本书都不厚，但也不薄，200多页的样子。本来只能借一周，但可以在网上续借一周，一共就有两周了，再超过就要罚款了。我便有了一种紧迫感。我赶快读书，到了还书的时间，我把其中的两本读完了，还有一本读了一半。我一共借了两次书，第二次把书全部读完了。

读书的速度当然也要看你对书的内容是否感兴趣。有兴趣的书，读得也会更快。我喜欢沈石溪的书。他的《雪域豹影》，330页，我花了不到一天就读完了，连妈妈叫我吃饭都没有听见。后来写作业的时候，我还在想，主角豹子既然没有死，那它会继续干些什么呢？

这段时间，我在准备关于王维的课件。我读了很多关于王维的资料，了解了王维的生平经历，也了解了王维一些名诗的创作背景。我还了解了王维的朋友圈。通过读书，我的收获可大了，读书也讲效率了。

有时候，一本书会改变一个人的生活态度，会让人更幸福。

**老师点评：**文章开篇点明读书的重要性——“解开难题”“静下心来”“有收获”，为了阐明自己的观点，小作者先介绍了自己读书的方式——“借”书读，跟着叙述了所借来的书是怎么读的，特别是《雪域豹影》，330页，小作者不到一天就读完了。这说明自己喜欢的书读起来就快。结尾照应开头，进一步点明读书的意义所在——“书会改变一个人的生活态度，会让人更幸福”。

## 我和爸爸的读书故事

潘睿章

“终于到家了，我可以开始玩了！”那是一个周三的下午，我背着早已写完的作业回到家，准备开始玩游戏。

我放下书包，拿起平板电脑坐到沙发上，很快就进入游戏玩了起来。就在我玩得兴高采烈的时候，突然听到爸爸喊我：“毛毛，你来一下。”虽然我很想再玩一会儿游戏，可是我必须听家长的话呀。无奈之下，我只好关掉平板电脑，走进爸爸的房间。爸爸对我说：“来，你把那两本《影之翼》拿来。”我拿来书，不解地问：“爸爸，你要我把书拿来干什么？”爸爸平和地回答道：“儿子，你经常在说话的时候，还没想好就说，这导致你说话时容易口吃。”老爸紧接着又说：“你之所以会说话口吃，还有一个原因，那就是说话太快。因此，咱们现在一起来读一读这本书中的部分内容，你读一段，我读一段，我们来改一改你的口吃问题。”

原来老爸是在为我着想。于是我便不再抱怨，配合着老爸练了起来。

第一遍，我读得很不好。不过，老爸对我说：“加油，你能行！”

第二遍，我读得流利些了。老爸说：“很好！比上一遍有进步，不过语速还是太快了，如果能再放慢一点就更好了！”

第三遍，我语速放慢了，果然读得更流利了。然后，我又读了一段新的内容，结果发现跟刚才读得一样好了！

在爸爸的帮助和鼓励下，我的口吃问题得到了缓解，这就是我和爸爸的读书故事。

**老师点评：**小作者另辟蹊径，写了老爸让“我”读书，是为了帮“我”纠正口吃的故事。故事娓娓道来，不疾不徐，将老爸帮“我”纠正口吃的过程展示得十分细腻。作文就得这样，只有将重点部分写深入、写透彻，才能较好地表达文章的主旨。文章的结尾分寸拿捏较准，“缓解”一词表明了纠正口吃无法一蹴而就，同时也表达了老爸对“我”的关爱。

# 我和妈妈共读《高老头》

胡心怡

寒假前，郭老师给了我一本《高老头》，让我回去试着读一读，这可是一本世界名著，巴尔扎克写的。郭老师还说，先试一试，因为读懂它是很难的，如果能读下来，开学要给同学们讲。

回到家后，我对它（《高老头》这本书）产生了浓厚的兴趣，原因是它是世界名著。中国古典四大名著都那么好看，世界名著那得多精彩啊。于是，我立马翻开书看了起来。结果很糟，我看了两页就看不懂了，我无限的兴趣一下子变成了零。看来郭老师说对了，读懂它是很难的。但我也并不想辜负老师对我的希望，所以我去找妈妈，让她来帮助我。想到这里，我又重拾了百分之三十的信心。

我去找了妈妈之后，她很轻松地答应了。

我们要回株洲了，在火车上，妈妈把《高老头》读了一遍，我问她有什么感想，她说人物记不住，总要往回看看。此时我的负担是百分之二十五。

到株洲后约一周的时间，妈妈来找我，要给我上《高老头》第一课，她已经想好怎么教我了。她让我准备两张纸，我拿来一个本，撕下最后两页。妈妈边给我读，边让我记下听到的人物的名字，还让我画了个人物关系表，这样就不会弄乱人物了。而且，我什么地方不懂都可以问。就这样，我们每天坚持阅读《高老头》，不懂就问，终于在某一天，我们把《高老头》读完了。

老师说过，读书有的时候需要"啃"读，我和妈妈一起读一本很有难度的书就是在"啃"读吧，这样读也是很有趣的。

**老师点评：**这篇习作说的是"我"是怎样读一本难懂的好书的。针对书中人物较多、人物关系复杂的问题，妈妈"让我记下听到的人物的名字，还让我画了个人物关系表"，这样不仅不会弄混人物，同时也便于小作者读懂故事。书要"啃"读，怎么"啃"，为什么要"啃"，"啃"读的结果怎样，文中都有展示。我们在读书时，也能像小作者一样认真"啃"读吗？

## 我的阅读史

王浚伊

几乎所有事情的发展都是从渺小到壮大，从若隐若现到明明白白的。我的阅读史也一样。

最开始，在我一到两岁的时候，我开始了看书，当然不是在啃“大砖头”书，而只是读一些小小的绘本。那时，即使是我现在读来一分钟也用不了的绘本，也必须看个大半晌，因为都是一边读一边玩的。的确，那时的阅读比蜗牛还慢。不过至少已经开始了。

在我3—6岁的时候，大绘本、小一点的桥梁书也已常常有读之时了。我那时真像一只处于生长过渡期的小肉鸡，阅读兴趣飞一般地生长着。那时，我爸爸也已经给我读一些名著，汤姆·索亚、鲁滨孙、孙悟空陆陆续续成了我的朋友。同时，我边看书边画画的习惯也渐渐养成了。

到我7—10岁时，大量小说、童话、科普类图书已成了我的家常便饭。2厘米、4厘米、8厘米、10厘米厚的书已垒成小小的山脉。让我最记忆犹新的是《荷马史诗》，这是我读的“世界十大名著”里的第一本。这本书我大多数都是在床上读的，所以很舒服，一边舒服地在床上趴着，一边津津有味地品味图书，怎么不让人陶醉？这本书里讲的内容既精彩又令人回味，所以我对这本书最记忆犹新。现在，我的精神食粮——书已成为了我的亲密伙伴，与我朝夕相伴。

在我家里，我读过的书竖着放至少有6—7米高，老师也经常表扬我课外知识丰富。不过，我清楚地知道，我的阅读史是不会停止的，它会继续丰富，我的藏书也会越来越多。

**老师点评：**习作用灵动的笔尖，向我们叙说了小作者的“阅读史”：从一两岁时小小的绘本开始，到大绘本、小一点的桥梁书直至大量的小说、童话、科普类图书，书业已成为小作者的精神食粮。面对老师的表扬，小作者不骄不躁，告诉人们阅读不会中断，阅读史不会停止。字里行间洋溢着小作者爱读书、善积累的好习惯。

### 3．喜阅读，收获多

“向日葵班”是我从一年级一直带到现在四年级的班。我们一直在全心全意做的就是每日阅读。记得著名作家童喜喜有本书——《喜悦读出好孩子》，我深有体会，喜悦读书收获多多。从一年级到现在，我们班创作出了自己的绘本故事集、童话集、诗歌集、小说集。有许多同学的文章或诗歌在《作文导报》发表，还有同学的文章在《北京晚报》发表。阅读让孩子们对写作不仅不惧怕，反而产生浓厚兴趣。下面是我写的与我们班阅读创作有关的两篇随笔，附录在此作为我们构建书香教室的记录。

**【附】随笔两篇**

## 我们和“母鸡萝丝”一起去散步

周二下午，全体教师会，会议时我情不自禁地走神儿，对我来说，出现这种情况的概率极少。下班后，坐上公交车，依旧控制不住内心的兴奋和激动，不由自主地独自微笑，也不知道会不会有人觉得我这个人有毛病。回到家里，暂停一切其他事务，先把让我如此这般兴奋的事情记录下来。

中午饭后，孩子们休息40分钟，到院子里玩儿或去图书室都是可以的，然后回教室读《论语》或其他绘本读物，也有的时候是要集体收看校园电视或收听校园广播。今天有个孩子向我发出请求：读个故事。我同意了。于是我们共同阅读《母鸡萝丝去散步》。

每次集体午读，都不是简简单单一读而已。有时候进行情境现场表演，有时候是提出问题让大家集思广益，有时候是说说听了这个故事后的感受，还有的时候是创编新故事，总之，不一而足。集体阅读就要突出集体的作用，你有一个思想，我有一个思想，经过交流，每人都会有两个思想。而班级中有这么多孩子，无疑思想会更多，彼此交流，提升自己的能力，其他同学跟着受益。基于这样的想法，每次阅读之后，都会设计一些孩子们感兴趣的话题，并以此话题为“导火索”，点燃孩子们思维的火焰，让他们逐渐感受到思考和创作的欢乐。

今天的这个绘本故事内容非常简短，从头至尾不过几十个字，如此简单的文字让孩子们觉得太容易，或许学前班就能读懂。没有挑战性就没有刺激，我临时决定由我们自己创编绘本故事，让故事变得生动、丰富、有趣起来。于是我引导孩子们观察图片、联想天气、想象人物语言，这一“石”还真的激起了千层浪，并且是浪花朵朵。一幅图、一幅图地创编，语言运用和思考独特的孩子名字写到黑板上，算是榜上有名吧！王浚伊的名字是最先写到前面的，这个浚伊，不仅表达精彩，名字写得也非常大方、漂亮，老师点头赞许，浚伊的脸上洋溢着兴奋和骄傲。这孩子原本遇到看图写话就觉得没意思，简简单单写两句就算完事大吉，可是今天眉飞色舞、滔滔不绝啊！这也大大激发了更多孩子的兴趣，丁瑞阳、张昕冉、张嘉迅、郭文韬、赵紫珊、唐楚沣、黎瀚泽、刘子涵等同学的名字陆陆续续被写到黑板上，故事创作的热情越来越高，想象也越来越出乎我的意料，唐楚沣、赵紫珊能将每一幅图、每个小动物的神态、语言、动作都表达得形象生动；江浩把每个小动物的叫声都表达得活灵活现；紫珊脑子里有数不清的成语，每一次运用都是恰到好处；楚沣呢，他那句“哎呀妈呀”逗得我笑得直不起腰来，而那句“面粉全洒在狐狸身上，狐狸顿时变成了一个雪人”又是多么栩栩如生啊！王浚伊一边听一边笑，别人都蹦着跳着抢着说，他只管听着笑。我问他为什么笑，他告诉我，每人说一幅图太简单了，他可以创作整本书的故事。其他同学一听，也毫不示弱，个个说可以创作整本书（看图写长篇童话故事）。这帮小神童啊！如此夸海口，我顺水推舟，回家之后人人看图创编童话，请爸爸妈妈帮助记录文字。于是，我将这个故事的原版图片发到班级邮箱，再向家长们发出号召：在三天小长假里，给孩子一些时间，听孩子给您讲讲他（她）创编的童话故事，同时将故事记录下来，带到学校读给同学听，在家里读给亲戚朋友听。这样他们的热情和兴趣会越来越高，随之发展和增强的还有思维力和创造力。这可比让孩子进行看图写话有意思、有意义多了。这样的活动我也是第一次搞，通过孩子们在课堂中的精彩表现，我相信他们有这个实力！

当然，也不是所有孩子都可以创造，如果哪个孩子暂时有困难，不用勉强孩子必须做，不断地欣赏别人也是一种学习，只要不停下学习的脚步，就会逐渐进步！特别提醒，孩子们创编的这个故事会很长，千万不要让他们抄写在田字格本上，有时间的家长可以把字打在电脑上，上面是图，下面配上孩子自己观察图之后创编的故事就可以了。完成之后如果上传困难，用优盘给老师，老师会安排时间阅读分享每个孩子的创作。

只要行动，就有收获；只要创作，就有精彩！

三天小长假之后，我收到了42个不同版本的《和母鸡萝丝一起去散步》，真是佩服孩子们惊人的想象力和独特的语言表达能力，在杨惠然妈妈的帮助下，整理成册，就有了我们的第二个童话故事集《我们和“母鸡萝丝”一起去散步》。

## 我们出书了

这一年，我们班的孩子三年级，九岁左右了。

这本是最喜欢玩儿的年龄，这一次，我们玩大了，竟然敢创作小说。

连我们自己也想不到，在三年级上学期结束的时候，我们每个人竟然都出了一本自己写的小说。孩子们把自己写的小说带回家让父母和长辈们看，特别是长辈们，他们高兴得合不拢嘴，带上老花镜，看了一次又一次。孩子们的父母也是很兴奋，他们也想不到孩子们有如此能量。连孩子们自己也觉得像做梦一样，像我这样贪玩的孩子怎么能出书呢？可是，这就是真的。

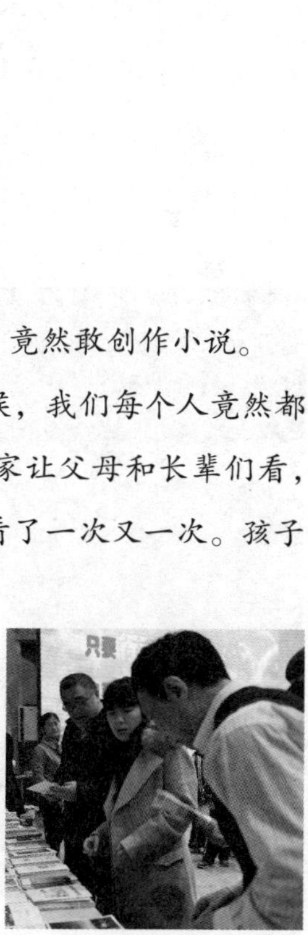

这要从二年级的时候说起。我是语文老师，从一年级开始一直教这个班，在语文课上，除了指导看图写话外，还启发孩子们创作小童话，他们最喜

欢创作童话了，“胡思乱想”是孩子的特长啊！也因此，他们多次得到我的表扬，许多同学的童话也经常作为范文在班级读。到了三年级，同学们创作童话的热情与日俱增。记得一次创作中，有一个孩子写了三页稿纸，1000多字，并且觉得没写完，还有话想说，打开第四页稿纸继续写。这时候，被我看见，随口说了句：“瞧你，太能写了，快成小说了。”“啊？小说？”他说：“还有许多想法没有写呢，可以尝试写小说。”他充满自信地抬头看着我，大眼睛忽闪忽闪的，那表情好像写小说就像搭积木那样简单呢！想不到他随口一说，许多同学纷纷响应。“老师，让我们试试吧！写小说多好玩啊！”我笑了，心里想，真是“初生牛犊不怕虎”啊！不过，他们的热情和勇气让我挺开心的。我承诺，学完课本的知识就组织大家写小说。

时间过得很快，开学两个月之后，我们班就学完了课本所有内容，已经进入预设好的“图书馆”周，这一周的语文课都“泡”在图书馆里，尽情看书，看《笨狼的故事》，看《青蛙和蟾蜍》，看《小巴掌童话》。看着，看着，有同学再次提议想创作小说，告诉我可以一个故事接连一个故事写得很长。于是我将计就计，上了两节共读课，重点分析以上几本书写了什么，为什么会吸引人，引导孩子们把自己喜欢的书偶像找出来，分析书中人物的特点，以此概括小说中人物的特点，写小说抓住人物抓住特点很重要；又举了很多环境描写的句子，问孩子们删去这些句子好不好，说说理由。全班孩子们表演了《青蛙和蟾蜍》童话剧，对其中的情节当然印象深刻，人人都能说出自己印象深刻的部分。就这样，我对小说三要素只字未提，一起读童书、一起聊童书之后，“小说”创作就开始了。

这是我们班的第一次“小说”创作，始于2014年12月初。还记得那时窗外刮着

风，偶尔也飘着雪花，室内的孩子们在尽情想象，用稚嫩的小手舞动着文字之花。高静如同学写的是《糖果历险记》，糖果从天空而来，神奇的糖果会说话；糖果拜访树爷爷；糖果遇见聪明石；糖果来到太平洋等等，一章紧接一章，停不下来的感觉。我也经常夸大家，还说他们有变身术，由顽童变成小作家了。同学们就更有劲头了，每天都期待我读王浚伊的《城市大作战——中国，一群老鼠的童话》，他的小说像他这个人一样幽默，从“第一章　引子”就开始吸引大家：

在一个阳光直射的洞里，一个声音说道：“那个猫城里的猫太讨厌了！”另一个声音说道：“对啊！也许我们能为这事做点什么。”“我们建一支老鼠军队好吗？”他的话音刚落，在那里的所有老鼠都为他鼓起掌来。“好！那我们就这样做吧。”说着，老鼠部队的竞选开始了。

经过一个小时的竞选，一只叫塞来德的老鼠被选为老鼠部队的队长，他一边咂嘴一边读着老鼠部队的花名单：“点到的喊‘到’！”

“几米！”

“到！”

“大舌头！”

“到，到，到！到到！到！”

“只说一次！”

“知知知道道了了。”……

“好了！”塞来德说道，“向右转！开始训练！”

光听王浚伊读一次，很不过瘾，下课还经常再到他那儿去看。除找王浚伊外，大家还喜欢刘景天的《金岛绿猪》，他的小说有饱含深情的人物描写，有充满童趣的动物王国，有热闹非凡的活动场面，有大胆憧憬的住在树上的猪世界。下面是第三章中的一部分：

猪国王像一只袋鼠似的左看看，右瞧瞧，一刻也不停歇。随后猪大厨也下了飞机，立刻对猪国王说：“那里有一个黄金果，您要不要尝尝?”猪国王二话不说，立即摘下黄金果，吞了下去。过了一会儿，猪国王拉肚子了，急忙回到飞机上上厕所，他对厨师猪大喊："好你个厨师长，我要砍死你!”厨师长听了这话，吓得魂飞魄散。

大约三个小时后，猪国王的怒火平息了，开始和工人猪讨论晚上睡哪儿的问题。猪国王说："我们在猪猪岛是住高楼的，要不就建高楼吧。”建高楼需要砖头，黄金岛上没有砖头。“要不建树屋吧!”工人猪七嘴八舌地说。“好吧!”猪国王说。“可是我们怎么睡觉啊?”有一只猪说，“我们去森林里弄点叶子，大家就盖叶子吧!”大家都同意了。

这天晚上，大家都进入了美丽的梦乡。

除此之外，还喜欢李江浩的《太平洋之旅》，读他的小说，你可以徜徉于太平洋，跟随怀着美好愿望的小鱼，在奇形怪状的礁岛中经历挫折，在保卫太平洋的行动中历尽艰险。你可以看到那只破茧而出的可爱毛毛虫变成漂亮的蓝色大闪蝶去日本旅行。在郭文韬的《人象共和》里可以看到象王出生后与人类经历战争，再携手共建家园的故事。小女生当然也很不错啦！张嘉迅的《小母鸡的叫声》中我看到米雷与坏狐狸的机智周旋……还有《遇见你是我最大的幸福》《松鼠一家》《四叶草奇遇记》《竹林“蜜”事》《马赛马拉草原上的猎豹》……每一个小说中都有一段段有趣的故事，一个个美丽的梦想。同学们的小说字里行间充满了真情实感，充满了丰富而有个性的想象，每一篇都像一颗珍珠，那么美！那么闪亮！整整两周，每位同学都有了属于自己的第一部小说，最长的是陈思嘉，15000多字，最少的同学写了3000多字。我读了孩子们的文字欣喜不已，发给宋校长和李校长。两位校长阅读之后，传来了令我和孩子们做梦也想不到的好消息，学校要为孩子们出书，让每个孩子都有自己的小说集，并且每个孩子给十本。这是多么鼓舞人心的好消息啊！同学之间写互评，父母和长辈写序言，一时间忙得不亦乐乎。春天来临之际，每个孩子都收到了来自学校的大奖——学校为每个同学的小说出书。就这样，我们也出书了。

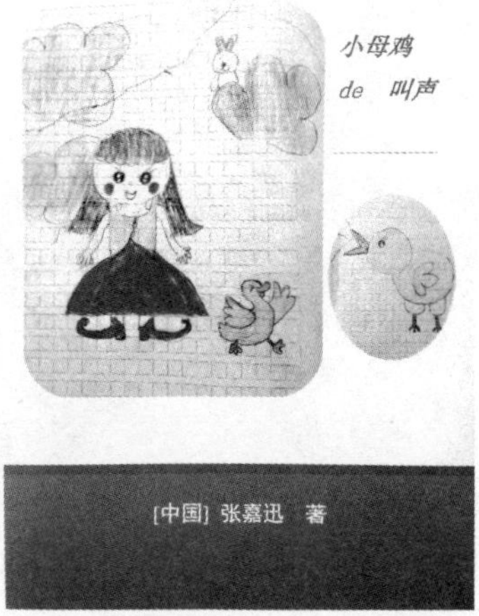


有了这第一本书，同学们的兴趣愈加浓厚，到了三年级下学期，开始创作第二本小说，和第一本相比，想象更丰富，选材更广泛，语言表达更顺畅、清晰，人均达8000字。同学们的文章里流淌着纯净的灵性，充满童趣的语言，也饱含着自然的哲理，把无尽的想象，用文字真实地、细腻地勾勒出来，用单纯的语言塑造着一个个活泼可爱的人物，营造了种种神秘离奇的悲喜氛围……总之，我经常用这样的好词好句夸奖他们，他们当然喜欢听了。这一次创作刚结束，就已经在期待四年级学习课本之后再次创作小说的日子！

每一次我们出的书，连校长们都认真阅读。记得宋校长那一天遇见李江浩同学，问："《超级特警》是你写的？"这一问，把江浩高兴坏了，回来就告诉我，回家就告诉爸爸妈妈，告诉同学，想不到每天那么忙碌的宋校长竟然能记住班级孩子写的书。

我们备受鼓舞，一定会继续努力，争取不断地出自己的书。

## 思考与建议

1. 阅读书目的选择要共读和自由选择相结合，共读书目多为新阅读研究所推荐，教师自己先读，可以先上导读课。

2. 阅读活动的开展要适合学生的年龄特点，以上列出的表格适于中高年级使用。

3. 阅读创作，低年级倡导读写绘为主，阅读大量的绘本有利于丰富学生的想象。中高年级可以由短篇童话开启，逐渐过渡到写长篇，自由写。

# 第二章　师生共写随笔

## 一、行动就有收获，写作促进成长

新教育实验的第二项行动“师生共写随笔”，就是指通过教育日记、教育故事和教育案例分析等形式，记录、反思师生日常的教育和学习生活，促进教师的专业发展和学生的自主成长。“共写”，一个很重要的特点就是“共”。通过随笔这样一个方式，在师生互动的过程中，帮助学生，提升教师，师生共同成长。

朱永新老师曾说过，如果说阅读是站在大师的肩膀上前行的话，写作其实是站在自己的肩膀上攀升。之所以要“师生共写随笔”，是因为教育随笔（日记）是教育者进行思考和创作的重要形式，是“批判反思型教师”成长的必由之路。

苏霍姆林斯基在《给教师的一百条建议》中说："如果一位内行教师、富有创造性的教师在结束其一生的创造活动时，把他在长年劳动和探索中的一切成就都带进坟墓的话，那将失掉多少珍贵的教育财富啊！"

共写随笔，对于学生而言，随笔（日记）可以记录成长的痕迹、反思自己的行为、倾诉心中的秘密。这是一个心灵的窗口、灵魂的寓所，是人生的一笔精神财富。对于老师来说，"写"只是形式，以"写"带动的是阅读，是思考，是实践。无论是教师还是学生，为了写得精彩，就必须做得精彩、活得精彩。慢慢养成习惯后，阅读、思考、写作便成为教师和学生的日常生活方式，终身受益。

综上所述，共写随笔不论对于教师还是学生，都是成长的最佳路径。2012年9月开学伊始，我就决心拿起笔来，进行日复一日的笔耕。可是立志容易行动艰难。的确，我们日常的负担已经够重了，上课、备课、批改作业、辅导学生、参加教研等等，哪还有时间每天都静下心来写作？如果这样想，就真的没时间，就要像以往那样辛辛苦苦地满堂"灌"，日复一日地重复一辈子。没有思考的教育是不成熟的教育，是不可能持续发展的教育。"拿起笔来"就是在促进自己思考，与自己对话。思考能给自己带来批评和激励，这是最好的教研，是自我发展的内在动力。于是，我开始行动起来。写什么呢？我知道自己没有很扎实的文字功底，要让文字成文对我来说是一块坚冰，不花大力气，不下狠功夫，是难以突破的。我不知从何下手，就阅读郭明晓老师的《我是大西洋来的飓风》《各就各位准备飞》，然后依葫芦画瓢、照猫画虎，开始记录某一个孩子的成长（我的第一篇随笔附录如下）。我每周写一篇文章和孩子的父母交流，有时候与学校的新教育伙伴交流，也有时候写读后感，还尝试着写生日诗给孩子……当然，写下这些文字也费了我九牛二虎之力，有时整整一个晚上三四个小时就在写一件小事。从写作的第一天开始，我便深刻体会到每天写随笔的艰辛，但是写着写着，就感受到了辛苦之后的甘甜。

我鞭策自己坚持天天写，各种题材、体裁，也不求严谨的逻辑性，只为记录事件。坚持一段时间之后，觉得自己的叙事能力有所提高，随笔中也使用了夹叙夹议，遇到难题也不至于焦躁不安了，能静静地坐下来思考方法和策略。坚持下去以后，我一年所写的随笔能达到十万字左右，一年之后，我有了自己的第一本书《我和孩子一起成长》，两年之后，有了第二本书《郭老师和孩子们》。就这样，我坚持写下来了，并且逐渐进步着，我的论文也在国家级、市级竞赛中获奖，并发表在国家重点期刊中。

我所带班级较其他班学生阅读量更大，孩子们伴随着阅读创作诗歌、童话和小说。“共写”这一行动，也点亮了我们的教育教学活动和生活。

**【附】我的第一篇随笔**

## 杨硕小时候

杨硕个儿不高，胖乎乎的，纯属活泼好动型。入学两周以来，在他身上发生的几件小事，每一次想起都要笑一笑。

记得那天学习声母“g、k、h”，我让孩子们观察图片，然后说一句完整的话，每个同学都要有自己的想法，不能与别人重复。有的说小学生坐在椅子上喝水，有的说小哥哥坐在椅子上喝水。有说叔叔、舅舅的，还有一位同学说爷爷坐在椅子上喝水。这时候我引导学生看图，图片上的人物是年轻人，称呼爷爷不合适。看孩子们想不到其他句子，正打算往下进行其他的教学环节，杨硕大声说：“老师，我还有一个。”“那请你说说吧。”这样积极的孩子老师一定会给机会的，再说老师也期待出现与众不同的精彩。这时候，杨硕一本正经地说：“姐夫坐在椅子上喝水。”听到响亮的“姐夫”，我忍不住笑了，小孩子怎会想到这个词？看到老师笑，他很是不解，郑重地解释道：“老师，姐夫是年轻人，我听妈妈叫过别人姐夫。”我点点头，说：“你是对的，你想的老师都没想到呢。”杨硕听到表扬特别开心，听讲更加专心了。整节课，这个句子我印象最深刻，感觉这个小家伙真有意思，也的确是生活中的有心人。生活是最大、最生动的课堂，真是如此。

第二件事发生在操场上。孩子们列队做操，一年级孩子太小，总找不到起始位置，体育老师需要几支粉笔做记号。我让身边的一个同学去教室拿粉笔，这个同学飞快地跑去了，回来说：“老师，我没找到。”“有的，一个小盒里有，黑板槽儿里也有。”我话音一落，孩子又一次跑去了，回来时，我伸出手准备接粉笔，可是孩子说：“老师，拿几支？”“哎哟！我说孩子，拿几支都行，多拿点儿，剩下咱再拿回去。”孩子又一次跑去了，这时候，站在第二排的杨硕着急地说：“老师，您让我出一次马！”瞧这孩子，毛遂自荐，还有大将出马的气势，向老师请战时小词儿还用得这么地道。我听着特别开心，爽快地说：“行，再有事就让你出一次马。”这时候，体育老师一个人带着300多名学生做操，喊得嗓子都哑了，可是我们站在最外边却听不清。我咽炎也是刚刚才好，特别能体会嗓子不舒服对于老师来说有多痛苦，为了让体育老师省省嗓子，决定将我的扩音器拿来给他用。我想到了杨硕，对他说：“现在让你出一次马，到我办公桌的第二个抽屉把老师前几天带来的那个扩音器拿来。”能帮老师做事，小孩子高兴得像过年一样，连蹦带跳地去了。可是，没想到也空着手回来了，很委屈地说：“老师，抽屉锁着呢，打不开。”我牵起他的小手一起回去取，走到桌前，让他看看已经插在桌边的钥匙，他特别遗憾，“哎！”了一声。我说：“没关系，下次有事还让你出马。”杨硕又高兴起来了。从那以后，每天早晨我都让杨硕帮我把背包送到办公室，需要取什么东西就让杨硕去。拿相机、取手机全是杨硕跑腿儿，孩子得到老师的信任，调皮事儿一下子变少了，实践证明，教育孩子的方式又多了一招——信任他，让他“出马”。

如果把孩子的精力吸引到读书上来，孩子就更少些生事的机会。这两天，杨硕缠着我，求我听他讲《老奶奶和她的包子》，边讲边表演，他扮演的老奶奶把我乐翻天，整个中午时光倏忽间就过去了。故事较长，一时半会儿讲不完，让孩子放下书休息老费劲了，就是想接着讲，接着演……

杨硕这个小豆包，实在太有趣儿了。

## 二、师生共写随笔，创造精彩教育

### 1. 每周一篇文章写给家长

师生共写随笔，写什么，从哪里入手，我也是一点一点摸索着进行的。飓风老师的《各就各位准备飞》的每周一信启发了我，我也有了写给家长的冲动。这是个很好的切入点，便于家校交流，使孩子父母更多地了解学校、了解班级开展的一系列活动。同时，家长可以更深入地了解自己的孩子以及班里其他同学，这样才能更好地参与到班级建设当中。与飓风老师稍有不同，我写给家长的是每周一文。

下面是我第一周写给家长的文章。

#### 关爱他人　超越自己

开学啦！
又是一个新的学期。
今天是第一天，
我在黑板上郑重写下：
关爱他人，超越自己。
写给孩子们，
当然，
还有我自己。

好快啊，二十几个日子倏忽而过，今天，阳光尚好，天空穿的是美丽的蓝衣，我们伴着一丝丝轻柔的微风，从四面八方聚集到教室里。

为了给书本和自己一个干净舒适的地方，我们首先擦桌椅。早上，我走向教室，季欣雨、丁自远、苏宸辉远远地看见我，隔着窗玻璃笑着向我招手，看到他们，我同样兴奋。走进教室，我们就开始擦桌椅，到学校早的同学每人负责一个小组，帮助来得晚一些的同学。陈忱、羽馨、紫麒、双双先后走进教室，放下书包就开始干活。三年级的孩子就是不一样，做起事情有模有样，擦桌布一次次由雪白变得黑乎乎的，水盆里的水换了无数次。到校的同学越来越多，人手也越来越多，课桌的里里外外渐渐干净了。“有付出就有收获”这句话在此时此刻表现得最明显。在劳动的过程中，绝大多数同学表现非常好，特别是最先到校的几位同学，在开学第一天就为同学们做了一件好事，非常值得表扬。可是，也有个别同学到学校之后只顾找同学聊天，没有很好地参与到劳动中，还有的同学就站在一旁，只等别人帮助，坐享其成。这些现象的存在并不可怕，这正是我们引导教育孩子的好时机，这个时候要提醒孩子，在实践中培养责任感。今天的擦桌椅小活动结束了，以后我们每天都有值日生值日，愿每位同学在值日的时候都能尽职尽责，美好的班级环境靠每一个人的认真付出。

第一天返校，最重要的一件事情是假期作业评比。根据学校广播提出的要求，要进行两项作业的评比，一项是展示并说说自己的创作，另一项是说说自己的梦想和为了梦想付出的三次努力。我们先排好座位，选好各学科小组长，然后同学们把自己的作业摆在桌面上，在小组内先评议，选出一名组内最为优秀的同学站到教室最前面进行现场口头作文，介绍自己的作品及制作的过程。在假期里，我们进行了口头作文的练习，经过练习的孩子就是不一样，在讲台前不慌不忙，表达时间最短的也能说上一分钟，介绍得十分清楚、明白。李江浩同学用废弃物精心制作了一个坦克模型，为了寻找泡沫废弃物，找到废弃站的工作人员帮助，有了材料，精心地设计，绘图、裁剪、打磨、安装、上色每一步都认认真真，终于做好了一件作品。江浩在口头作文的最后部分特别强调，制作的作品是坦克，制作的目的却是呼吁和平，让世界人民都过上和谐幸福的生活。从制作到表达，我们都赞叹不已。在女同学的口头表达中，张昕冉尤为出色。她的梦想是当个小美食家，在这个假期进行了三次努力，从第一次的煎鸡蛋到第三次的烤牛排，难度越来越大，制作的水平越来越高，每一次制作对于小孩子来说都是既新奇又有挑战性的，这个过程被冉冉描述得栩栩如生，在座位上倾听的同学定有不少人在悄悄咽口水。在每位同学现场口头作文之后，经全班同学评比，以下同学获得校级优秀作业，特此表扬！（刘子涵、赵紫珊、李卓衡因事没能按时返校，没参加本次评比；有个别同学忘记带某项作业没参加评比；有些同学的创作和作业同样很棒，只是学校名额有限。）

创作优秀：刘景田、朱婳、潘睿章、李江浩、王紫麒、王双。

三次挑战优秀：唐楚沣、胡心怡、张昕冉、贾皓文、黎瀚泽。

如果心有榜样，就多一分努力向上的力量。每个孩子都是优秀的，我们要相信孩子的潜力。在我们的班级作业中，有10次口头作文和3—5首自创诗歌，当我打开电脑，进入到班级博客空间阅读的时候，总能收获很多的欣喜。在此展示一些同学的作品，希望大家都能够挤出一点时间，走近孩子的作品，这样既能静静地阅读，又能真切感受孩子们的美好成长。

下面附几篇学生优秀作品：

### 太　甜　了（刘景田）

小兔吃冰糖，
呀！太甜了！

小兔吃白砂糖，
呀！太甜了！

其实最甜的不是糖，
是坐在教室里，美美地读诗歌。

**老师点评：**其实，甜甜的不只是坐在教室里美美地读诗歌，还有景田小朋友创作的这首诗歌，直甜到读者的心里，令人回味无穷。

## 诗是有滋有味的（唐楚沣）

诗是酸的。
当你带着感情翻开诗歌集时，
不免会读到几首令人心酸的诗。

诗是甜的。
当你怀着开心去翻诗歌本时，
当然会回想起当时的欢乐。

诗是苦的。
当你带着恐惧之心看革命诗时，
可能你还沉浸在悲痛中。

虽然我不再一一列举，
但你要记住，
诗是有滋有味的。

**老师点评：**诗是有滋有味的，我深深地记下了。阅读了楚沣同学的这首诗，我对于读诗的感觉，无形中又多了许多美好！

## 小　树　叶（胡心怡）

森林里的一棵大树上，
一片小树叶在成长。
一阵风吹来，
它就像长了翅膀，
慢慢地飞向远方。

它飞到小河旁，

看见了温暖的阳光。
它想，
也许我可以，
去人类世界走一趟。

它飞到大广场，
可人们把它扔到垃圾箱。
它拼命挣扎，
终于飞出了这个像地狱一样的地方。
它想，
这里太不好，
还是回我的森林老家。

**老师点评：**多么美好的一片小树叶啊！在小作者的笔下，遇见了温暖的阳光，自由自在地飞向远方。我读着这首小树叶，和它一起美美地飞着，飞着……

## **爱的味道**（庄子悦）

爱的味道是什么样的呢？
当我离开家乡时
爱的味道是酸的
当爱祖国的战士在战斗时
爱的味道是辣的
当我和亲人重逢时
爱的味道是甜的
当我看到路边乞讨的人时
爱的味道是苦的
当我想弟弟流下眼泪时
爱的味道是咸的
爱的味道真奇妙啊！

**张嘉迅妈妈点评：**读着这首小诗，我是笑嘻嘻的。想一想，这果然是爱的味道呀。不过为什么小小的子悦就能写出来这样贴切可爱的小诗，我们大人就写不出来呢？

**老师点评：**爱的味道真奇妙啊！阅读了子悦的这首小诗，我更能体会生活中爱的重要。用心去爱，爱的味道将更加奇妙。

## 雨　花　台（丁自远）

雨花台的烈士啊！
你们是多么勇敢！
在敌人威逼利诱面前，
从不低下高贵的头。
在敌人严刑拷打面前，
坚定自己的信念，
决不透露党的秘密。
那么年轻就献出自己的生命，
只为我们今天的幸福生活。

**老师点评：**去一次雨花台，就能有感而发作诗一首，并且写得如此之好，这个小作者的能力是不是非同寻常呢？请继续努力。

## 缝一只小狗送给爷爷奶奶（潘睿章）

啊！又到春节了，又可以见爷爷奶奶，真开心！
可是，春节结束后，又要回北京，真伤心！
怎么办？
对了，我属狗，缝个小狗给他们。
就好像我一直在他们身边。

用黄色缝头，

晃动起来真可爱。
用肉色缝身体，
随时露出小肚皮。
用棕色缝耳朵，
竖起来后真有趣。
呼——
一只小狗完成了。
爷爷奶奶，
像我不？

**老师点评：**读到这首美好的诗歌，我笑了，甜甜美美地笑了。我想章章的爷爷奶奶读到的时候也一定会很开心的。章章是个很有能力的孩子，并且是个能创作出幸福感的孩子。老师欣赏你的智商，更加赞赏你的情商！

好的诗歌和作品实在太多，都在班级博客中，大家可以随时阅读，并欢迎留言。

结合品德课程，咱们班的“我是演说家”活动起航。在朱老师和喜喜老师的提议和引领下，我们的“口头作文”在寒假就已经在进行了。学校的领导非常支持，把我们班的品德课交给我上。孩子良好品德的形成绝不是读读品德书就能解决的，而要在日常的一言一行、一举一动中逐渐培养起来。于是，我大胆改进品德的授课方式，将品德书中的教学内容和“口头作文”结合在一起，开展“我是演说家”活动。每两周进行一次，第一周作收集资料和撰写演讲稿的准备，第二周在课上人人演说。如果哪位家长有时间，可以走进课堂聆听孩子们的演讲。

新学期开始，我多次在微信朋友圈中读到作家龙应台致儿子安德烈的一段话：孩子，我要你读书用功，不是要你跟别人比成绩，而是，我希望你将来会拥有选择的权利，选择有意义有时间的工作，而不是被迫谋生。当你的工作在你心中有意义，你就有成就感。当你的工作给你时间，不剥夺你的生活，你就有尊严。成就感和尊严，给你快乐。

读了这段话，我想告诉孩子们，不用和别人攀比，但要努力成为最好的自己。于是，在这个学期，我们和孩子一起努力做到：关爱别人，超越自己。

自己证明给自己看，

用行动证明给自己看，

一起加油！

家长们读了我第一周的文章后，纷纷留言。

**王楚涵妈妈：**打开这封信，情不自禁地反复诵读。郭老师对工作的热爱，对孩子们的期盼、关怀和孩子们成长的快乐跃然纸上。楚涵每逢假期都要求回河北与“老朋友”阳阳团聚，由于老家条件有限，总是不能及时地上传假期作业，这一点不仅让我感到惭愧，还急切地盼望新学期的到来……新学期开始了，我们又可以共享孩子们的校园生活，并且又开始盼望期末的那场儿童剧啦。

**张嘉迅妈妈：**每次看完老师的信，心情都久久不能平静。想写回信，又不知道怎么写好。这两天通过整理嘉迅的小诗歌，又重新回顾了一下她前五个学期的所有作品，从写一句话开始，到写成段，再到写成篇，写读后感、写童话、写小说、写诗歌，深深地感觉到了她的进步。她的同学们也是如此呀，很多同学的诗歌与小说，充满童真童趣，还有出人意料的奇思妙想，简直让人叹为观止且不知道如何评价，怎么样的评论都不能贴切地表达小作品之精妙。我都下载下来，转发给嘉迅姥爷和姨姨们看。嘉迅姥爷也感叹：自古英雄出少年，说得果然没错。这学期又要练口头作文，让我觉得特别欣喜。其实咱们班的同学，在班会上，随时都能给他人进行评价，这已经让我很吃惊了，这一年很显然是要更上层楼。记得我刚开始工作时，见到陌生人不敢也不会说话，到现在也不太擅于当众表达自己的想法。嘉迅爸爸当时还让我看《演讲与口才》，也没有提高。现在三年级的小朋友就进行专门的口语表达训练了，不难想象，将来随着他们的逐步成长，这种口语表达的优势，在生活中和工作中，将使他们受益终生。

**李江浩奶奶：**三尺讲台洒满郭老师对孩子们的爱，小小教室是通向未来的驿站。读了郭老师的第二封信和这两天展示的寒假创意作品、诗歌、口头作文和读书记录，深感短短的一个寒假孩子们又长大了。郭老师的精心培养如细雨般润物无声，谢谢您的辛勤付出！关爱别人，超越自己，说得真好。祝学校、老师、家长和学生的互动平台越办越好，共同培养好孩子！

**和法忻妈妈：**关爱别人，超越自己。这也是写给我们每位家长的。“向日葵班”好像有一种魔法，能够让所有的孩子和家长在内心有追求、有成长！谢谢郭老师的爱心与付出！

**张嘉迅妈妈：**读完郭老师的信，心里暖暖的，我在想，是什么力量让您倾其所有，对孩子全心付出，答案肯定是爱吧！对，就是爱!!! 我觉得您说得特别好：关爱别人，超越自己。从即刻起我们每个人都去关爱别人，超越自己，这世界将会更加美好！

**王润妈妈：**读完您的信感觉您的心真是太细了，衷心地佩服。我是个马大哈妈妈，在引导和帮助孩子方面实在是太差了，每次您教的方法都是极好的。新的学期，新的开始，我希望王润是那个主动帮助别人、主动学习、主动劳动的孩子，不希望她是那个站在旁边只顾聊天和观看的孩子。希望您多多提点她。

王润是个性格开朗的小姑娘，但是就像您的每次学期评语一样，她有时胆子有点小，不太敢在大家面前表现自己，但每次您表扬她之后，或者您给予她关注之后，王润都会有不小的进步。我是多么希望您能更多地学习一些方法，更好地去帮助她进步啊，希望您也好好地教一下我这个学生，哈哈。

另外，也希望您多注意自己的身体，我很喜欢以这样的方式跟您沟通，但想到如果家长都给您写信，您要阅读所有来信并回复，这个工作量也不小哟。郭老师，多注意身体！我是您永远的粉丝！

**2．我和学生互写**

我和学生互写，是从四年级下学期才开始的。这一年，我着力研究了作文教学。在批改学生作文时，如果像以往那样旁批、写评语，对老师来说是一项很繁重的工作，经常下班后背着厚厚的一摞作文本往家走，回家饭后就挑灯夜战。老师如此辛苦，学生作文水平却不见起色。怎么办呢？为此，我查阅了大量资料，如学习作文教学专家关键刚老师的相关文章和书籍，把批阅学生作文和我的作文教学研究结合起来，与学生开展互写活动，每周和一位同学互写，在互写的同时渗透作文教学方法。通过实践，孩子和他们的父母都非常珍视与老师的互写，互写对促进学生写好作文有很大的激励作用。

我与学生互写选录如下。

（1）郭老师与和法忻同学互写

## 没关系的

和法忻

有一句话，我总也忘不了。

那是在考试后的一天，郭老师到学校后发了试卷。我看了看，立马张大嘴，一动不动，犹如一道闪电把已经石化的我打成了无数个小碎片。

这是为什么呢？原来我的数学考试只考了85.5分，啊？竟然连90分都不到？我不敢相信自己的眼睛，这可是我考试史上最低分!!!

我平静下来，开始回想起考试那天：

我信心满满地来到学校，觉得自己会考得很好，数学考试的时候，我写完之后就直接把考卷翻了过去。我觉得很没劲，就用铅笔在试卷背面左点一个点，右点一个点，最后我再用线把点连在一起。画着画着，我发现我画出了一条小小的鱼。然后我又想再画一条鱼，可是，下课铃响了。于是我交完试卷后就跑出去玩了。

现在，这个成绩给了我当头一棒！我一直一直地盯着考卷看，越看越生气，越看越觉得自己没用，做完了题不检查，竟然还在关键时刻画什么小鱼？并且做题时看题也看得那么不仔细。让我最最生气的是：我居然把一道200+300的题的答案写成了600！这么简单的口算题都写错了，白白扣了0.5分！

我想来想去，发现自己这不好，那不好的。我越想越心烦，越想越气恼。不知不觉的，我的眼圈慢慢地变红了，我的心情也由晴转阴了。就这样，眼泪一滴一滴地从眼睛里跑了出来。我的眼泪犹如一波疯狂的洪水把内心的大坝击溃了。

泪水模糊了我的眼睛，我清清楚楚记得妈妈说如果我三项考试成绩加起来后大于等于290分，就送我一个虎参谋的双面黑火战车。现在，我热切盼望的“战车”泡汤了。

放学回到家里，我一直闷闷不乐，妈妈见我心事重重，就问我怎么回事。在妈妈的再三追问下，我只好把事情的来龙去脉告诉了妈妈。

妈妈笑着对我说：“没关系的，下次考好点就好了。不论你考试考多少分，妈妈都爱你。”

“没关系的……”这句话深深地刻在了我的心里，我永远永远都记得。

## 真的没关系吗？

——读和法忻作文有感

郭老师

《没关系的》是和法忻同学的作文，是我见证他在课堂上完成的。

第一单元是“话语”，我们学习的课文和老师指导的作文都和话语相关。为了让孩子们学会修改作文，这周同一篇文章写了两次。孩子们第一次写完后，我阅读后针对出现的问题进行点评指导，再用五位同学的优秀范文作引领，同学们开始进行第二次创作。法忻的这篇文章是第二次创作，和第一次比，取得了飞跃性的进步！

这是一篇个性十足的精彩美文！作文也是要讲究个性的，否则千篇一律、千人一面又有什么可观赏性呢？作文的个性就是用自己独特的语言，记录自己真实的生活，进而表达自己独到的见解。有个性的文章不仅能抓住读者的眼球，而且可以感召读者的内心。阅读这篇文章，我在被感动的同时也欣喜不已！

这篇文章的观点有个性。学习离不开考试，考试绕不过分数，分分都是孩子的命根啊！法忻因为没考好而很气恼，按常理说他得到的应该是一顿狠批或严厉说教。而法忻得到的是："没关系的，下次考好点就好了。不论你考试考多少分，妈妈都爱你。"这样的话语对已经认识到自己问题的孩子该是多么暖心的安慰啊！怪不得孩子在结尾段写道："这句话深深地刻在了我的心里，我永远永远都记得。"这也让我深深反思，指责和批评并不难，难的是能给予他人改善和进步的好方法。

这篇文章的形式有个性。四年级的学生，如果能把一件事的来龙去脉写得清楚明白，已经很不错了。可是，法忻同学巧妙地运用了倒叙的方法，先说看到成绩后自己的样子以及心情，然后回忆为什么会有这样的结果，环环相扣。同时还有个小插叙，联想到考够290分会得到大战车，考不到，嘿嘿，"战车"很有可能变成"站着"。这样的形式体现出小作者独特的构思，越读越是欣喜不已。

这篇文章的语言有个性。老师发试卷时，学生心中盼望的肯定是98分、99分或激动人心的100分，可是，法忻同学："我看了看，立马张大嘴，一动不动，犹如一道闪电把已经石化的我打成了无数个小碎片。"由此可以想见他当时的样子。为什么会这样呢？随着小作者一起回忆：我写完之后就直接把考卷翻了过去。我觉得很没劲，就用铅笔在试卷背面左点一个点，右点一个点，最后我再用线把点连在一起。画着画着，我发现我画出了一条小小的鱼。然后我又想再画一条鱼，可是，下课铃响了。这不正是活生生的儿童的真实的行为吗？小孩子画小鱼，就是这些调皮的"小鱼"，让小孩子考试分心走神，得到历史最低分。读到这里，我真想告诉法忻，这个低分甚至比100分更珍贵！这个低分的意义不仅仅是生发了一篇好文，而且也让我们看到了一个明事理、会反思的智慧男孩！

法忻妈妈说："没关系的……"

法忻老师说："真的没关系吗？"不，有关系，这个史上最低分85.5分，很可能是孩子"吃一堑，长一智"的跳板，能帮助孩子跃上更高的台阶，去发现一个更具实力的自己！

2016年3月4日

（2）郭老师与郭文韬同学互写

## 假如我是水

郭文韬

假如我是水，我要到祖国的大西北去，让那里的禾苗不再干枯，让那里的人们不再为一桶水而走几十里山路，让那里的大地重新出现宽阔的河流，绿树成荫。

假如我是水，我要到消防队的水管里，随着消防队员到各个着火的大楼去，让大火早点被浇灭。让母亲尽早找到失散的孩子，让人们早一点找到自己的亲人，让工作人员早一点做好后续的工作。

当然，我可能只是小水滴，我要召集其他的小伙伴，结成一片巨大无比的雨云，飘到农民那边，为他们遮住太阳，随后下起雨来，给人们送去一片清凉。春去冬来，我会钻进残雪里面，与其他小水珠一起，用自己的热度将它融化，为即将到来的春天做准备。

也许，我只是小水滴，只是我自己。我最想到那一个个罪犯的眼睛里面，在审判长宣布闭庭的时候，我便从他们的眼睛里面流出来，成为一颗来自内心深处的眼泪，悔恨不已。这一滴泪帮助他们在出狱以后，重新成为一个造福社会的人，把他们从邪道中救回来。

最后，当我做完这一切时，我变成一缕青烟，飘到天空中去。有朝一日，我再从天空直直落下，把自己本来就是从湖泊海洋里面借来的身体归还回去。

无论如何，我都不要变成地球上最后一个人看到干枯的树木、裸露的河床组成的那个荒芜的家园时，流下的那颗绝望的眼泪。

# 得天下英才而育之

## ——阅读郭文韬《假如我是水》有感

郭老师

得天下英才而育之，的确乐在其中。

上一周，我们学习和水有关的文章，也随着单元主题写和水有关的作文。三个文题自选一个，文体也是自定。很多同学写童话，读起来很有情趣。当我阅读文韬的文章后，一下子兴奋得不得了，竟然不知用什么词来给予评价，于是，我在他作文的后面连续写下三个同样的词语——范文！每一个“范文”的后面都紧跟一个大大的惊叹号。

言为心声。文章中一定蕴藏着作者的情感。这篇文章最震撼我的，是小作者内心的那一个个美好愿望。身为水，到缺水的地方去，到需要的地方去，甚至到罪犯的眼睛里去，每去一个地方，带去的是援助、是友善、是关怀。这便是文韬内心深处所蕴藏的美好愿望。回味这篇文章的时候，我联想起《青鸟》，书中可爱的光神最后什么也没有对孩子们说，只是指给他们一条通过善良、仁爱、慷慨而最终到达的幸福道路。如果我们经常怀着无私的、美好的愿望，那幸福就会更接近自己。文韬内心是有大爱的，这是老师最珍视、最欣慰的！

独具匠心。当我读到“最后，当我做完这一切时，我变成一缕青烟，飘到天空中去”这一段时，已经感觉是结尾段了。想不到小作者并不是在这里戛然而止，而是骤然来个180度大转弯，这样来结尾：“无论如何，我都不要变成地球上最后一个人看到干枯的树木、裸露的河床组成的那个荒芜的家园时，流下的那颗绝望的眼泪。”读到这里，我兴奋得从座位上站起来，迫不及待地和办公室的老师们分享。写作中这样有力度的转折很是少见，真心为文韬的独具匠心拍手叫绝！

字斟句酌。写作文的时候，需要从大处着手，有一个巧妙的构思，更需要从小处着力——字斟句酌。对每一句话、每一个字都反复推敲、琢磨，力求准确、通畅、优美。在文章的第三自然段中“召集、飘、遮、送、钻、残雪”等词语运用得非常得当，我情不自禁地会被文字感染，融入到他的文章情境中去，感受小水滴那浓浓的充满深情的热度。

这篇文章我只修改了一两句话和其中一段的表达顺序，修改了题目。文韬的原文题目是《假如我是一滴小水珠》，我个人认为一滴小水珠力量微弱，不足以支援大西北，不能够灭火救灾，所以私自改为《假如我是水》，也许并没有原题的小水珠含义深刻。

因为，一滴水可以折射出太阳的光辉；一滴水也折射出了一个十岁男孩的特有才情！我由衷地欣赏，并乐在其中。今天的文韬已经是我的骄傲，我相信，一直是！

2016年3月18日

### 3．和我校九位“新教育伙伴”交流（每人每月一文）

2015年9月，学校成立了新教育团队，由老师们自愿报名，组成了包括我在内的十人新教育团队。我是这个团队的负责人。我们这个团队，学期初定行动计划，每月研究落实一项新教育的行动。老师们感觉最困难的就是共写随笔，没时间写，也不知道该写什么内容。于是，我就以写随笔为切入点，和团队老师们一起写。她们把每月的随笔写好后发给我，我认真阅读之后以文章的形式给她们回复。我要给每个人写，所以每个月至少写九篇回复。这些工作量完全是我自愿增加的，在写回复时我也在阅读朱老师的《新教育》《致教师》《陶行知教育箴言》《叶圣陶教育箴言》《苏霍姆林斯基教育箴言》等书籍，在促进、鼓励老师们坚持写随笔的同时也丰富、提升了自己。

（1）郭老师写给田欣老师

#### 信任和坚守的力量

——阅读田欣《一年级班级家校阅读活动规划》有感

说是规划，其实我已经看到了实实在在的行动！在引领和带动阅读方面，小田老师是很有方法的。第一周我们班仅进行了读书积分活动：每人每读三本绘本可兑换一张积分卡，读一本厚书也可兑换一张。有了适宜的方法就能收到很好的效果，大家读书可踊跃啦！一周结束，最多的学生完成了九本书的阅读。这样的开端真是喜人！

万事开头难！但是我要说“难的不仅仅是开头”，每一步的行走都需要踏踏实实、扎扎实实，行走的过程中还会遇到很多挫折、困难或不理解、不认同等等。朱永新老师说过，新教育人心中要有“信任和坚守的力量”。认准了一件事，就要立足坚持，行动就有收获，坚持才有奇迹。

四川金堂有位邹红英老师，她开展了“读、写、绘、展”的共读方式，取得了很好的效果，我简单向你介绍一下：

读——开展主题阅读。比如“感恩”主题，晨读《感谢妈妈的爱》《感恩的心》《感谢人生的阳光》；共读《感恩的蚂蚁》《感恩的回报》《凯奇的包裹》等。有主题的阅读更容易让文字触动孩子们的心灵，通过阅读让孩子们有一种美好的向往。

写——读书卡、手抄小报、阅读心得……

绘——用“绘画加文字”的方式复述或续编，这个过程能拓展孩子们的想象力，为孩子的思维插上想象的翅膀。低年级孩子喜欢画画，这也是很契合孩子年龄特点的一项活动。但不能把它当成作业留给孩子，而是设计成有意思、有意义的玩——“写绘”活动。

展——现在咱们的阅读群就是个很好的展示作品的途径，还有专业老师点评，非常难得的好机会，我们好好把握。教室的墙壁还是可以利用的，有作品展示，孩子们会有小小的成就感，只是不论哪一项，都是需要老师设计和默默付出的。

教育是慢的艺术，需要长年累月的耕耘。让我们一起铭记朱永新老师的话——为了生命的丰盈，我们内心要多一分信任和坚守的力量！

（2）郭老师写给王伟老师

## 只有爱，才能赢得爱

——阅读王伟老师《悄然绽放的他》有感

一朵淡黄色、浅绿色的小花，在老师看来，是最美丽的花，因为，那是孩子在表达他对老师的喜欢，那是爱。

我们许多老师，或许都是这样，很容易就被孩子们所感动，每天和孩子在一起，不由得心就变得格外柔软了。

你文中的孩子是一位个性很强的孩子，也就是我们常说的那种与众不同的特殊的小孩。说来也巧，在我们班也有个爱看书的孩子，上什么课都看课外书。最初上我的课似乎还能给我点面子，偶尔从课桌里抽出来，低头看一阵子，我提示他时他也能把书收回去，而现在他是“一视同仁”的，不论哪位老师上课，都是照看不误。除非是他自己很喜欢的课——科学课、外教课，还有不用带书的音乐课，否则根本控制不住看课外书的强烈欲望。本来爱看书是好事，但我隐隐为他担心，小学阶段有些基础知识是需要掌握的，看的书再多也不能代表全部。并且据我仔细观察，他看书也大多是囫囵吞枣，没有经过内化和吸收，就目前来看，看书多并没带给他多少好处，就连学习成绩也是不理想的。可是，这样的孩子往往个性强，老师讲道理他听不进去，以我们的责任心，又不能任他想怎样就怎样，总在想办法帮助他、开导他，这个过程也是很考验老师耐心的。硬碰硬绝对行不通，只能慢慢来，我们始终对他充满美好的期待，说不定哪一天自己就明白老师是为他好，自己就会调整看书的时间。其实，哪个孩子不希望自己能好呢？有时候，我甚至在怀疑自己，是不是我们成年人现在有些急功近利，总把读书和分数相联系，说不定孩子是在慢慢积淀，将来有朝一日厚积薄发呢。

总之，我们互相聊聊孩子，相互鼓励，同时也减减心理压力。阅读这篇叙事，我倒是非常欣赏你这篇叙事的文笔，是读起来很有味道的文章，事情的起因、经过、高潮都很清晰。一朵小花就是一份甜甜的心意，教师付出爱，也赢得了孩子的爱，这对于文章也是画龙点睛之笔。亲爱的王伟，你一定坚持写，以你的笔杆子功夫，会成长得很快。朱老师在《致教师》中提到，教师有四种境界，一是让学生瞧得起的老师，二是让自己心安的老师，三是让学校骄傲的老师，四是让历史铭记的老师。可爱的王伟，不断书写的过程就是攀爬四境界台阶的过程，你是很有实力的，加油！

奔跑着追求目标是一种境界，竭力地挑战极限是一种快乐，微笑着超越苦难是一种幸福。很多时候，累与不累，不取决于事件本身，而最终取决于我们对事件的心态。事实上，我们常常会发现，做自己愿意做、喜欢做的事情，累也是一种享受。加油！

只有爱，才能赢得爱！

只有付出，才能有收获！

**4．为每个孩子写生日赠诗**

“与黎明共舞”——晨诵，是一种仪式，一种师生共同穿越诗歌，享受生命，开启新一天的洗礼仪式。生日赠诗是“新教育”晨诵项目中的一朵奇葩。如果某一天是某位同学的生日，就把这一天的晨诵诗变为生日赠诗。诗歌可以是老师自己写的，也可以是老师改写的。在孩子生日那天，当老师暖心地赠送出诗，这首诗也就定格在他（她）的心里了。一首小诗，点亮了属于孩子的美好日子。四年来，我一直在坚持，一次次感受到生日赠诗的无穷魅力：谁走近了孩子们一年一次的生日，谁就能够真正走进孩子的心。

**【附】郭老师写给赵紫珊的生日赠诗（一年级至四年级共四首）**

### 我送你些什么

——生日赠诗（赵紫珊）

亲爱的紫珊，
今天是你的生日，
这几天我都在琢磨，
在这美好的日子里，
我送你些什么。

我想送你一扇大窗子，
让春风吹进来，
让阳光照进来，

让鸟儿的歌儿唱进来，
让花儿的香飘进来……

我想送你一双大翅膀，
让聪明伶俐的紫珊，
载着谦逊和善良，
载着热情和智慧，
载着追求和梦想，
在天蓝地绿水净的美丽中国，
健康快乐幸福地飞翔，飞翔……

可是，
我没有大窗，也没有翅膀，
我送你些什么呢？
想来想去，还是彩纸一张张，
在这一张张洁净的纸上，
任你去写、去绘、去思、去想……
任童心闪亮，
任童心飞扬，飞扬……

郭老师祝赵紫珊生日快乐！
2012年11月16日

## 我想写封信

——生日赠诗（赵紫珊）

我想写封信，
用笔和纸，
用手和心。

写给热爱祖国的紫珊，
这么小的孩子，
心中有赵尚志、江竹筠、赵一曼……
许许多多的英雄人物，
早已被她熟记在心间。

写给聪明好学的紫珊，
每一次写小日记，
都会有新意和亮点闪现……
骑马、游玩、各种小活动，
都被她描写得活灵活现。

写给酷爱阅读的紫珊，
只要能有时间，
课外书就悄然出现在她眼前……
故事、童话、儿童文学，
当然还会有各种各样的长篇。

写给活泼睿智的紫珊，
课间活动的时候，
她能把欢快的游戏创编……
“骑马”“斗牛”等等活动方式，
给老师和同学带来的欢乐无限。

写给热情友爱的紫珊，
当同学遇到小问题，
紫珊会主动帮助，排忧解难。
每一次绘画课上，
自己的彩色笔小组同学使用很是方便。

写给书写耐心美观的紫珊，

打开紫珊的作业本，
常常让老师的目光流连忘返。
那一个个漂亮的字啊，
像鲜花一样在作业本上开遍。

写给宽容谦虚的紫珊，
写给文明有礼的紫珊，
写给我们的中队长——紫珊。
未来的日子，
让我们共同努力，
使我们“向日葵班”师生的心，
贴得紧紧，紧紧……
用我们的不断努力，
继续开创幸福美好的明天。

郭老师祝赵紫珊生日快乐！
2013年11月16日

## 成长路上

——生日赠诗（赵紫珊）

在紫珊的成长路上，
总有太多的美好和我们分享。
如晨光，像朝阳，
如甘露，像清风，
如鸟语，像花香……

我们的语文课堂，
且不说紫珊朗读声情并茂，
且不说紫珊发言有条有理，

且不说紫珊书写美观大方，
华罗庚得知祖国解放时的“百感交集”，
像这样的超出老师预想的分析理解，
常常发生在紫珊身上。

我们的习作分享，
紫珊的文章常常让老师眼前一亮，
“可乐鸭”已经成了郭老师的拿手菜，
《青蛙和蟾蜍——去表演》童话剧创作让众人惊奇，
那活灵活现的小鸟“叽叽”，
那俯冲三四次的“蹦极”景象，
更是令人兴奋不已，久久不忘。
每篇文章都有颗颗璀璨的宝石镶嵌其上，
郭老师说，分享这样的文字和读到好书一个样。

我们班的家长会上，
紫珊站在台前，
是那么的从容有礼，
是那么的自信大方，
展示背诵了李白的著名篇章，
一个不足九岁的小孩子，
能有如此厚重的积累，
家长们频频点头，同学们致以羡慕的眼光。

在一次阅读能力测试之后，
郭老师让紫珊从座位上起立，
拿着满分的试卷到院子里照相，

这是班级唯一的满分，
能有那样缜密的分析理解力，
谁能说这不是了不起。

紫珊读了多少本书，
我们无法统计，
反正我们知道，
紫珊家的书多得已经把楼板累得“气喘吁吁”，
紫珊为班级为同学做了多少好事情，
我们没有统计，但是许许多多美好的花儿，
已经开在老师和同学们心里。
每每老师表扬紫珊，
紫珊却很谦虚地说自己也有一些小问题，
在自理能力方面要向同学们学习。
跆拳道才是黄带，
还需不断努力。

在紫珊的成长路上，
总有太多的美好和我们分享。
如嬉戏，使每个人的嘴角挂满微笑，
如歌唱，使每个人的内心洒满阳光，
如向日葵，
载着美好的梦想，向善、向上、向阳，
生长！生长！生长！

郭老师祝赵紫珊生日快乐！

2014年11月16日

## 金色花

——生日赠诗（赵紫珊）

据说印度有一种树，
是传说中的圣树，
它开出的花是金色花，
人见人爱的金色花。

这花长在圣树的高枝上，
自由地在风中摇摆。
孩子们在树下仰望，
个个夸奖它最漂亮。
大人们在树下仰望，
深深呼吸，感受芬芳。
小动物们在树下仰望，
感谢拥有这样的游乐场。
花花草草也在树下仰望，
议论纷纷说它很骄傲，太张扬。

然而，
金色花是谦卑的花，
面对称赞，它只是笑笑；
金色花是谦逊的花，
面对夸奖，它只是笑笑；
金色花是谦让的花，
面对嫉妒，它也只是笑笑。

它知道，自己是金色花，
人见人爱的金色花，
只管在阳光下努力地盛开，
只管带着芬芳努力地盛开。

它相信，
只要专注地盛开，蜂蝶自来。
只要真诚地盛开，欢乐自来。
只要谦恭地盛开，美好自来。

郭老师祝赵紫珊生日快乐！
2015年11月16日

**5．坚持阅读，写读书随笔**

读书，是好教师不可或缺的修行和练内功。我读书的时候，遇到自己喜欢的书，就自由地写写读后感。平时忙，随手记录，读后感大多在寒暑假写。

**【附】两篇读后感**

## 天空很蓝

——和朋友们分享《小世界》一书

“天空很蓝。
大海也很蓝。
浪花很白。”

这三句话在《小世界》一书中第304页，这一页就是简简单单的一张关于海的照片和这三句简简单单的文字。当我读到这里的时候，却觉得无限美好，不由自主地停下来，发一会呆，想着那蓝蓝的天，蓝蓝的海，白白的云……等回过神儿来，再一页一页地继续赏、继续读、继续发呆，不知不觉，已经夜里十二点多了，从情感上舍不得放下，理智告诉我，人是需要睡眠的。

这本书纯属偶得。周六本来要回延庆的，妹妹劝我不用回，上周刚回，家里又没什么事，免得折腾，平时上班怪累的，让我歇着。歇着的感觉真是好啊，想做点什么全由自己做主。还记得我让孩子们参与包饺子，有的孩子写进日记里，当我读到那些满载着温馨和快乐的文字时，也很想包饺子呢。今天休息，就给家人包饺子，羊肉白菜馅的，每人一盘儿，吃到最后个个都光盘儿。吃饱了，吃香了，备课。下周又有其他学校的校长进班听课，尽管每节课都有准备，但是当有校长们走进教室的时候，准备还是要更精致一些的，呵呵，实话。早上吃多了，中午还不怎么饿呢，不吃又觉得委屈自己和老公。想来想去，决定吃西餐。我买个大面包回来，老公喝茶我冲杯咖啡，边喝边聊边撕扯着大面包吃，真美味。又吃饱了，再找事做。朱老师送我的《书香，也醉人》还没读完，刚好利用这个周末一读为快。坐在自己的小屋里，屋子不大，也没什么装饰，却觉得很舒爽，感觉还有暖暖的阳光照在背上呢！一边读一边勾勾画画，遇到自己喜欢的句子就抄到日记本上，就这样一直把这本书读完。坐得太久，起身的时候要扶着桌边和椅背。一本书能让我沉醉成这样，可见这书有多好。再说，这本书对我来说有着特殊的意义，每一次阅读都是双手轻轻拿起，读后轻轻合上，还要在手里捧上片刻然后放进书架，打开和掩卷都美好。晚餐，继续吃饺子，只是比早上多了一盘凉拌芹菜。因为早上就准备了两次吃的量，晚上吃省事又省时。饭后，想出去走走，往哪儿走呢？即刻就有一种冲动，去书店，把朱老师推荐给学生的基础书目买回来，自己先读着。行动就有收获，于是，行动。乘车来到中关村图书大厦，逐层“排查”，有绘本，有散文，有名家名作，还有自己喜欢的其他。20多本书，700多元，沉甸甸的，拎着实在费力，天色又晚，打车回。到家刚好看到“嫦娥三号”探测器成功落月，哈哈，双喜临门啊！

噢，不知不觉，跑题了。不要紧，回来，继续说说《小世界》。《小世界》的主人公一朵，真是可爱！可爱！可爱！跑累了趴在妈妈背上，玩累了睡在屋里地板上，不高兴哇哇大哭一场，多么真实、生动、美好！怪不得作家莫小米的推荐理由是“看见世界美好，只需一朵”。读着这本书，一边感受着一朵一家的幸福与美好，也一边在回顾自己和女儿小时候点点滴滴的小故事，思绪就在书里书外自由自在地穿行着。315页的书我昨晚读到第271页（别惊讶，全书三万多字），实在太晚了，留着余香吧。

今天周日，本可以睡到自然醒的，心里想着可爱的一朵，六点钟就自然醒了。此刻阅读《小世界》，宁静，恬静。一直读到附录二，一字未错过。一本书读完了，好想抱抱一朵啊！遗憾，也不遗憾。因为我身边不是有着那么多的“一朵”吗？想抱哪个就抱抱哪个，每个孩子身上都有着无限的美好！上一周进行中队会彩排，主持人江浩生病，不住地咳嗽，他说还能坚持，我却不忍，让他喝水休息，在一旁看着就可以，不要影响下周的正式主持。可是，这边的中队会总要有主持啊，同学们面面相觑不知如何是好，紫珊说：“老师，让我试试吧。”明知紫珊的其他词还挺多，没办法，只能让紫珊多担待了。活动彩排的时候非常顺利，谁能看出紫珊是临时主持呢？活动结束后，紫珊问我还行吧？我说：“你是救场，救场如救火啊！欸？你怎么对词这么熟呢？”紫珊告诉我，她早把全过程都看过了，心里有数。好一个心里有数的孩子，老师好兴奋，抱抱！一件事情完成得好，就为下一件事情赢得机会。正好我们要表演《犟龟》，犟龟陶陶的台词巨多，还得紫珊承担。在我们分工和排练的时候，我让孩子们帮我一起想，还有没有角色没有人承担，或者还有什么想法，赵亮举手，一本正经地说：“老师，还有一个角色，狮王二十八世不是死了吗？如果地板干净，我可以扮演死狮子趴在那儿。”多可爱的孩子啊！我赞赏他想得细致，同意他扮演狮子，赵亮小同学可开心了！而我心里酸酸软软的，暗暗想，下次选剧本，一定找一个适于赵亮演主角的剧本。还有紫麒，一个能力和责任心特别强的小姑娘这次是替补，我担心孩子不高兴，和她聊天，她说理解老师，再说替补也是重要的。是的，老师需要理解，在设计的时候一方面要使这个剧目达到我们心中的最好，一方面要使同学们在活动中得到锻炼逐渐成长起来，可是不可能都是主角，但是配角同样重要。这个表演，人人都是参与者，配角同样有发挥和创作的空间，人人都可以成为那靓丽可爱的“一朵”。

不知不觉，又一次跑题。我手写我心，不用跑道约束，越自由、越简单、越真实、越美好。

写累了，起身，站窗前，看看蓝蓝的天。即使天不够蓝，都能被自己看得瓦蓝瓦蓝的，再想想蓝蓝的海，还有白白的云……

还有一朵。

还有一朵的爸爸周华诚。

郭丽萍老师

2013年12月15日

## 教师的耐心不仅是工作的需要，更是一种重要的美德

——读《爱与自由》有感

学期末在班主任工作总结会上，我说过这样一句话：作为教师有多少耐心都不够。这话得到了大家的认同，德育干部徐主任在总结时还再次引用这句话。其实说这话时我就是结合自己的工作实际有感而发，没有什么出处。而今天在孙瑞雪老师《爱与自由》一书第152页找到了类似的表述：教师的耐心不仅是工作的需要，更是一种重要的美德。我读后尤其开心。

今天是放假第三天，前两天我还在病中，用我家先生的话说，我这人不能休息，前脚放假，后脚就来病，已经有几次了。说来自己也奇怪，上班时只感觉很疲惫，心里一想已经连续上了八天，感觉累点儿纯属正常，回家睡一觉休息一下就过去了。没想到就是过不去，睡着睡着就觉得浑身发冷，并且越来越冷，仿佛身处冰天雪地中一样，用体温表一量，糟糕！发烧了，并且越来越严重，到了夜里烧到三十九度多，浑身骨关节痛，连说话的力气也没有，更没食欲，只是想睡。被先生照顾了两天，吃了感冒冲剂和“白加黑”片，很见效，昨天见轻，今天见好，有精神了！本打算回延庆过年的，今天天气不好，路面湿滑，雾气大，婆婆打电话过来让我们明天回。先生心急，想快些回家陪陪老妈，让我在家再修养两天，先别车上路上折腾，他自己乘公交车回去，过一两天再回来接我和孩子（外甥女闫鑫来我家小住）。

外甥女大了，来了就在屋里玩自己的，我说带她去外面吃点儿好吃的，

她说不想去，在家吃米饭就行。可能是为了给我省钱吧，孩子越来越懂事了。这一天两顿饭，上午米饭炖白菜，下午米饭炒白菜。外甥女说挺好的，告诉我她不爱吃肉，也不知道是不是心里话，明天一早一定给孩子炖一次排骨吃。今天没出屋，除做饭、吃饭就埋头读书了。读的是孙瑞雪老师的《爱与自由》，这本书是放假前一位家长送给班里的。班里有许多本书，都是好书，有的适合孩子读，有的适合老师读。因为以前接触过孙瑞雪老师的文章，行文方式我特别喜欢，就取这一本来阅读。在学校加班时，利用间歇读了一点儿，正准备放假读呢，赶上生病，什么也顾不得了，纯休息。今天有精神了，有时间了，踏踏实实坐下来一读为快！

晚上，读到第180页，感觉速度忒快了点儿，怕自己囫囵吞枣，就停下来，合上书，脑子里想想书中的事儿，书中的句子之类的，首先想到的就是“教师的耐心不仅是工作的需要，更是一种重要的美德”。于是就将这句话作为我写读后感的题目。一本好书，可能一句话就让你受益匪浅抑或是受益终身。

这是一本关于如何“爱”孩子，而不是如何“教”孩子知识技能的书，书中有些经典语言，摘录如下。

＊ 我爱孩子们，始终小心翼翼地仰视他们。

＊ 儿童的智力来自于感觉，他们的感觉经验成人无法替代；个性跟创造力之间是画等号的，创意不能教；打骂中长大的孩子，看不到客观现实，苦难使他失去把握事物本质的能力，他一生都可能和苦难的童年经历作斗争，都在寻找自尊和证明自己……

＊ 人天生不一样，生命的高贵在于每个生命和其他生命都不一样。人的培养过程应该是一个个性的培养过程，但我们往往把个性理解错了，以为调皮捣蛋、胡思乱想的人才富有个性，其实不是这样。当一个人对事物有独特的感觉能力和把握能力时，他就是一个有创造力的人。这样的人可能是沉思的，宁静的。

＊ 我们知道儿童喜欢重复做一件事。反复听一个故事，十天半月也不

烦。他从故事里吸收的首先是逻辑，然后是情景，最后是概念。一定要仔细为儿童选书，要让他吸收好东西。

✱ 一个人的力量来自哪里，来自他高贵的品质、完整的人格、崇高的道德和充满创造力的思想，这比简单的认字、算术重要得多!

✱ 我们常会看到这种现象，当孩子一旦独立，父母就会说："这孩子太犟了！""这孩子这么不听话。"实际是孩子要成长！要照他自己的意志去成长，孩子的意志同父母的意志开始产生矛盾了，父母要学会理解孩子成长的需求。

✱ 遗憾的是很多大人没有这样的耐性。我们越来越发现，在生活中，不管是父母，还是老师，都很难容忍让孩子自由、快乐地做他自己愿意做的事。成人嫌麻烦，很简单，一个像木偶一样的孩子对成人来说是非常简单的，成人愿意做什么事很快就能完成。可是一个在自由中的孩子我们要付出大量的工作、精力和时间。成人大多不愿把时间用在孩子身上，挣钱重要，看电视重要……

✱ 只要给儿童自由。有了自由儿童就摆脱了我们狭隘的界限。有了自由儿童就去自动施行我们想不到也不理解的"神奇"的发展方式。蒙特梭利说，当一个人在树林里散步的时候，他能够长久地沉思，他能够浪漫地联想，在这个时候如果远处钟声传来的话，那么他的这种感觉会更好地加深，像诗一样。蒙特梭利说，一个优秀的蒙特梭利教师，她的杰出点就在于，当这个孩子正好在森林里散步的时候，老师就是那个钟声，能够把这种美好的感觉加深。(这段话大概内容在第102页和第140页两次提到)

✱ 现在很多家长都推崇智力发展，他们把智力和儿童的自我割裂开来，他们积极地给孩子报各种班，让孩子提前学习各种知识，当知识填满一个孩子的脑袋时，他的心灵肯定失去了成长的空间和时间。一个没有玩过水、玩过沙，没有领略过大自然的美，没有和同伴追逐嬉戏过，没有发自内心大笑过的孩子，虽然浑身披挂着知识，却可能离幸福很远。

✱ 蒙特梭利有一句话：对人的惩罚莫过于两种，剥夺他的两样东西，一个是内心的力量；一个是人格的自尊。

…………

类似的语言太多太多，读后令人振聋发聩，如果喜欢，请走进《爱与自由》。

最后，用书中诗一样的美好语言作为这篇所谓读后感的结尾，同时陪伴自己度过以后的教育教学之路：

让我的爱
像阳光一样包围着你
而又给你
光辉灿烂的自由

凡事包容，
凡事相信，
凡事盼望，
凡事忍耐，
爱是永不止息的等待。

## 思考与建议

1. 每周一信（一文），写给孩子父母，同样也可以让孩子们和父母一起阅读。

2. 在反映班级或某些同学的问题时，慎用孩子真名。

3. 借鉴郭明晓老师《各就各位准备飞》一书的写作方法和实践操作方法。

4. 叙事和个人阅读同时进行，尝试运用阅读书目中的理论。

5. 为每个孩子写生日赠诗，寒暑假也不例外。选择诗歌要契合孩子的个性特点。

6. 写随笔和向学生父母推荐阅读结合，有助于促进学生父母阅读。

# 第三章 聆听窗外声音

## 一、聆听窗外声音，激活封闭心灵

年复一年、日复一日的学校生活，往往会使得我们很多教师和学生与社会脱离，与当下现实疏离。新教育实验提倡学校要聆听窗外声音，即通过开展学校报告会，参加社区活动等形式，充分利用社区教育资源，引导学生热爱生活，关注社会，形成多元的价值观。

自从加入新教育实验，我开阔了视野，成为最大的受益者。学校大力支持我参加新教育组织的各项活动，如新教育年会、新教育开放周、新教育种子教师培训等等。因为走出去，我结识了很多新教育榜样教师，“大西洋来的飓风”“木槿树”“桃花仙子”“小舟成群”等优秀种子教师给了我很多很大的影响，从他们身上，我收获到的不仅仅是方法和策略，还有像“犟龟”一样努力前行、不言弃的精神力量。一次次的学习充盈着我的头脑和生活，愉悦着我的身心，同时也通过我自身素质和认识的提升去愉悦我的学生，惠泽我的学生。

“聆听窗外声音”，能帮助学生跳出个人认知的小圈子，建立与客观世界的联系。学生如果仅仅生活在校园，仅仅活在课堂，仅仅阅读教科书，仅仅做参考习题，听不到窗外的声音，看不到窗外的世界，是难以获得最佳成长的。外面的世界很精彩，要让学生在学校里就能了解社会，感受到一个真实的世界，听到真实的声音。为此新教育提出要让孩子们听窗外的声音，并提出了具体措施。比如把社会的名流、优秀企业家请到课堂上，请到学生面前，那么一个孩子在小学六年里，可以听到上百场报告。在北京，著名企业、著名大学很多，可以请企业家、CEO（首席执行官）们谈谈公司的创业史、个人成长史，或是请来大学教授，让孩子们开始学习思考，还可以请艺术家们谈自己的艺术人生……成功人士的真实故事往往比上课更能够打动孩子。有时候，一场报告就可以改变孩子的命运。人是需要榜样的，生活在一个没有榜样的世界里的人是很难有精神的。我们的孩子在成长中需要英雄故事去影响他们，需要动人的故事去感化他们，这就是教育。

我是班主任，我了解孩子的家庭背景，我们有的家长是某行业的专家，为此，我们首先充分利用家长资源，开展“父母讲堂”活动，每学期把家长请到学校四次。刚开始，孩子父母不愿主动报名，他们担心没有上课经验，担心与孩子们交流不畅。我打电话做思想工作，一个个邀请他们。于是他们打消了顾虑，认真准备，欣然走上“父母讲堂”的讲台，给我们带来了惊喜和快乐，让我们增长了知识和见识。

家长参与课堂活动，不仅使孩子们学到了很多知识，也让家长们更深入地了解了班级和学校，拉近了家长与教师、家长与学生之间的距离，更好地推动班级建设，从而促进和谐的家校关系的形成和学生的全面发展。

## 二、忽如一夜春风来——新教育榜样教师来啦

2013年5月，我们班要开展一次“金波诗歌朗诵活动”，非常有幸地请

到了作家童喜喜和新教育的蓝玫老师，这可把我和孩子们高兴坏了！她们的到来，对我和班里的孩子们来说，有如温暖和煦的春风。

这一天，不大的教室里坐着42个孩子、30多位家长，还有喜喜和蓝玫这两位特邀嘉宾。孩子们一个个到讲台前朗诵，说是朗诵，其实就是在诵读。面对着作家和专家，孩子们有些兴奋和紧张，他们认真而专注，每个人都努力地把诗歌读好。将近两个小时的诵读，两位嘉宾老师热情参与，认真地听着。他们欣赏的目光、和蔼的笑容，像春风荡漾，抚慰着一年级孩子们的心，每个学生都得到了一种肯定和激励。活动结束后，喜喜指导我如何上晨诵课，怎样选诗歌进行有主题的朗诵；蓝玫老师向我推荐了金子美玲的《向着明亮那方》。这一天我和孩子们都收获颇丰。

第二天，蓝玫老师给我发来一封邮件，信中对我们的晨诵课进行了肯定和鼓励。

看你和孩子们精心组织的朗诵会，我真的很激动。有一瞬间，喜喜也看到了，我偷偷抹着眼泪。当然，一方面是因为我被孩子们的表现吸引，恍然想到了我的孩子们；而另一方面，是我透过这场精心准备的活动，看到了你，我亲爱的伙伴，你的用心和你的付出！我知道，你肯定是辛苦的。但我也真觉得你是幸运的。班里的这些孩子们，表现得落落大方，家长的素质也相当高。这些，既是你的付出所得到的回报，也是你继续前进的财富。

你也知道，那天我们本来已经安排了其他事情，但实在太想见见你和孩子们，才临时挤出了时间，以至于来去匆忙，没能尽兴沟通。虽然和你见面次数不是太多，但我和你的确有种一见如故的感觉。我喜欢你的性格，佩服你的悟性，感动你的付出，所以，接下来我就不再赞美那天的活动，而是从新教育的角度，跟你剖析一下存在的不足。亲爱的，一个有着这样基础的班级，更重要的是，又有一位你这样尽心尽力的好老师，如果能够真正用新教育的理念规范，用新教育的课程涵养，无论是你还是孩子们，肯定能够百尺竿头更进一步！

蓝玫老师还给我们的诗歌朗诵提出了宝贵的建议：（1）从目的性上来

说，尚缺乏新教育核心理念的支撑。（2）从内容上来说，选材的随意性太强。（3）从组织形式上来说，并没有体现出新教育仪式和庆典的内涵。

看到邮件，我喜出望外，想不到蓝玫老师那么忙，还如此细致地给予我们鼓励、关照和提示。我非常感动，立即回信。摘录其中部分如下。

收到你的信息，顾不得回复，但我已经激动得不得了。下班回家，我迫不及待地打开电脑找邮件，说实在的，随着年龄的与日俱增，迫不及待的事越来越少了，而今天真是发自肺腑地迫不及待。打开你写给我的信，让我实在吃惊不小！亲爱的蓝玫，我想你只要在QQ中写出一二三建议，我就如获至宝，心满意足了，而你写了封将近3000字的长信给我，好感动！好感动！人生难得一知己！不错，还应补充一句：人生难得几贵人。我觉得你和喜喜是我生命中的贵人！

活动之前，我邀请你们时心里也是忐忑的，一来觉得你们太忙，我这点儿小事不值得打扰；二来觉得活动新意不足，“丑媳妇”羞于见“公婆”。犹豫之后，还是决定邀请你们，万一你们能有时间，对我来说不是最大的幸事吗？因为我知道，一个人的力量是微薄的，我不能总闭门造车，借助你们的力量帮我拓宽思路，会使我少走弯路，距离新教育追求的梦想能近一点儿，再近一点儿。自助天助，你们果真挤出时间来了，我的兴奋劲儿就像孩子要过儿童节一样啊！

亲爱的蓝玫，正如你说的，做一件事离不开背后的付出。这个学期，我依然很忙，昨天晚上做了一份班级阅读测试分析、一份全年级阅读测试分析，十点二十分完成。我有写日记的习惯，有时写在电脑上，有时写在本子上，简简单单记些杂事，就十点四十分了。最近我脸上皮肤干得起皮儿，买好了面膜想补补水，买回来只当天用过一次，就此搁置了。诸如此类，每天都有事情，每天都忙个不停，我在想，力气要用在正地儿上，力求达到劳有所得。一个人真想做事情，做真事情，辛苦是必然的，既然是必然的，就要让它“辛”有所获，“苦”有所值。也正因为如此，我们邀请你们前来给我帮助、提醒、建议，为以后再搞活动积累经验。

这次活动，喜喜给我指引了方向，蓝玫给予了细致的指导。她们的到来，激发了孩子们的创造性，也再次激发了我做好新教育实验的热情。

## 三、将孩子的父母请进课堂

利用班会或自习课开展“父母讲堂”，是我们“向日葵班”“聆听窗外声音”行动的重要内容。

我是班主任，我了解孩子的家庭背景，我们有的家长是某行业的专家，为此，我们首先充分利用家长资源，开展“父母讲堂”活动，每学期把家长请到学校四次。刚开始，孩子父母不愿主动报名，他们担心没有上课经验，担心与孩子们交流不畅。我打电话做思想工作，一个个邀请他们。于是他们打消了顾虑，认真准备，欣然走上“父母讲堂”的讲台，给我们带来了惊喜和快乐，让我们增长了知识和见识。如胡心怡的妈妈给孩子们介绍有关蝴蝶的常识，使孩子们知道：蝴蝶是昆虫的一种，蝴蝶、蛾和弄蝶都被归类为鳞翅目，现今世界上有数以千计的物种都归在这类下。蝶，通称为“蝴蝶”，全世界大约有14000种，大部分分布在美洲，尤其亚马孙河流域品种最多。孩子们了解了蝴蝶的相关知识，欣赏了各种色彩艳丽的蝴蝶，倾听了关于蝴蝶的有趣故事，个个开心不已。从此以后，聆听“父母讲堂”成了孩子们美好的期待。

家长参与课堂活动，不仅使孩子们学到了很多知识，也让家长自己更深入地了解了班级和学校，拉近了家长与教师，家长与学生之间的距离，更好地推动班级建设，从而促进和谐的家校关系和学生的全面发展。

下面是我们“向日葵班”一个学期的“父母讲堂”档案。

### 1．儿童哲学讲堂：社会是什么

班级：四年级（1）班

导师姓名：庄子悦妈妈倪玉珍

课时安排：1课时

**本课目标：**

引导孩子们多角度思考问题，让孩子们初步了解什么是哲学、什么是社会。

**授课过程：**

课前交流：想必大家对儿童哲学课都充满好奇，甚至内心满是疑问。儿童，哲学？儿童哲学课？

课中抛出一个话题，请孩子们从不同角度说出自己的理解，同时结合日常生活的例子，说出自己的感受。

首先抛给了学生一个这样的问题："你们觉得一美元能买什么东西呢？"学生们有的说可以买一本本子，有的说可以买一个圣代，还有的说可以买一块巧克力。老师总结道："一美元能购买的东西很少也很小。"而后，老师播放了一个简短的故事片。故事的主要内容是：兄弟两人共同经营一家小卖部，有一次，在清算一天收入的时候，发现少了一美元！兄弟俩争执起来，他们吵了很久，彼此怀疑对方。恼羞成怒的兄弟俩再也没有办法共同经营这家小卖部了。故事就此结束。老师问道："兄弟俩为了一美元，这样做值得吗？"孩子们显然很兴奋，纷纷举手发言，所有孩子都认为这是不对的，没有必要因为一美元而争吵，伤害了彼此的感情。不仅一美元没有了，连亲情也没有了。老师问道："你们觉得一美元是怎么没的呢？"同学们有的说是小偷偷的，有的说是算账没有算清楚。大家纷纷发言后，老师又问道："为什么你们没有人认为一美元就是其中一个兄弟偷的，而他们自己却认为是对方偷的呢？"学生们说道："他们彼此不信任。""他们不懂得沟通。""他们没有理解体谅对方。"

全班同学都在思考，而且思考得越来越深入，体会得越来越接近真相。接下来，老师的一个问题又引发了孩子们进一步地深思："如果丢失的不是一美元，而是一百美元呢？"很多学生还是回答不应该争吵，为了一百美元不值得。一百美元一个月就能够赚回来了，远比不上彼此的亲情。老师接着问道："要是一千美元呢？""要是一万美元呢？"这时候孩子们开始有了分歧，可他们的回答并没有像我们成年人想象的那样，把亲情与金钱进行对比衡量，而是考虑如何去解决这件事情。有的同学说要报警，还有的同学竟然说道："作为一个小卖部，在一天结账的时候不可能有一万美元。"同学们完全沉浸在思考与辩论中，思维极其发散。

**相关资料：**

《儿童哲学智慧书全集》中的《社会，是什么?》。

**授课导师感言：**

四年级（1）班的孩子们思维十分活跃，基础知识积累扎实，表达能力也很强。作为一名大学老师，我感觉给他们上课，比给大学生上课更带劲，更开心，更有成就感!

**照片记录：**

**郭老师听课点评：**

今天，子悦的妈妈走进班级给孩子们上哲学课，听到"哲学"就觉得很深奥，好像只有高中生或大学生才能读得懂。经由子悦妈妈一"导演"，孩子们兴趣盎然，兴致勃勃。40分钟倏忽而过，下课铃声带来的竟然是一声声叹息，其中也包括我。因为在课堂上有一种快感、一种美感、一种幸福感，总而言之，就是童庆炳先生所言的那种感受——上课是人生的节日。

孩子们一直在思考，越来越接近真实的儿童哲学课堂，课后让我感慨万千。学生们的思考不是为了一个标准答案，思考也不是为了求得结果，通过思考，孩子们想得更深、看得更透，孩子们也更有智慧了。把课堂还给了学生，学生有了独立思考的空间，有了表达自己想法的时刻。下课后，同学们还用诗歌表达了自己的感受。

### 2．心怀理想，追求卓越

班级：四年级（1）班

导师姓名：朱婳妈妈任事平

课时安排：1课时

**本课目标：**

分享感悟，引导孩子们树立视人如己般平等的观念和心怀天下苍生的广阔情怀，树立在家、国、天下的“大我”中成就“小我”的理想。

**授课过程：**

用自己行走在欧美科技强国中所看到的、听到的和想到的故事和孩子们分享、互动。

**相关资料：**

自己科技与人文的旅程和相关科普知识。

**授课导师感言：**

我很感谢郭老师给我机会站在讲台上和孩子们交流，也圆了我从小的教师梦想。孩子们积极踊跃地提问和富有创见的回答每每给我启发和惊喜，我也切身感受到科普界广为流传的名言：每一个儿童都是天生的科学家。当然，我依然希望在学科技、用科技的基础上，孩子们能有人文情怀，因为不立足于人类正题的福祉，科技造福社会就是空谈。能与这群未来书写者交流是一件很快乐的事情。

**照片记录：**

**郭老师听课点评：**

一听见“科技”二字，有人可能会觉得离我们太遥远，那些都是大人做的事情，不相信自己也能干。其实不然，科技，我们也可以动手，关键在于要留心观察，把握机会。

星期五下午第二节课，我们听了朱婳妈妈关于科技知识的讲座。正如朱婳妈妈所言，不要以为科技很遥远，那些科学家的大发明、大发现，也是从发现身边的小事开始的：牛顿从树上掉下的苹果这一现象中发现了万有引力；阿基米德在洗澡时得出了浮力定律；东汉时期的张衡在看星星的时候观察出了天文学……这些事例都告诉我们，科技就在我们身边。

通过听朱婳妈妈的讲座，同学们知道了科技就在每个人的身边，面对生活中的一切事物，都要抱着十二分的兴趣，去探索，去发现。当然，一定要留心事物中任何细小的问题，仔细观察，大胆推测，小心求证。

**3．跟我一起走访英国中小学——介绍英国中小学教育**

班级：四年级（1）班

导师姓名：张嘉迅妈妈刘红睢

课时安排：1课时

**本课目标：**

介绍英国中小学教育、文化，了解英国相关的常识。

**授课过程：**

把自己走访英国中小学时的所见、所闻、所想与孩子们分享、互动，从学习、生活、活动等几方面介绍英国中小学教育。

**相关资料：**

访问英国中小学的第一手照片；采访英国中小学校长和学生的第一手资料。

**授课导师感言：**

在我还是个学生的时候，我很害怕在课堂上发言，害怕自己在众人面前出错。这种在大庭广众下一讲话就紧张慌乱、手足无措的情况，一直从小学伴随到大学，贯穿了我的整个学生时代，现在我能较为从容镇定地发言，也是工作多年之后才锻炼出来的。

课前，我还在想，到了四年级（1）班，我可一定要鼓励同学们多多发言，无论他们回答得是否准确，都要对他们积极发言的态度给予鼓励。

但是来到四年级（1）班以后，同学们的表现个个都很让我吃惊。他们见多识广，思维活跃。在我讲课的时候，每一位同学都积极踊跃地举手提问，原本定为三四十分钟的课堂，因为孩子们的积极好问而延长到一个小时。并且，无论提问到哪一位小朋友，都能侃侃而谈。

我还发现，四年级（1）班的孩子们，并不会轻易地“被灌输”别人的观点。在我的讲堂中，经常会有小同学举手，彬彬有礼地提出不同的见解，且有理有据，思维缜密，让人不得不心悦诚服。

我觉得这一堂课不仅仅是我让孩子们了解到一些关于英国教育的常识，我也从孩子们身上学习到了很多的东西。他们遇到问题，就要打破沙锅问到底的钻研精神，那种绝不含含糊糊、绝不人云亦云随波逐流的态度，都非常值得我这个成年人学习。

**照片记录：**

**郭老师听课点评：**

嘉迅妈妈走访了英国许多所优质中小学，通过大量的照片和观察到的课堂教学，告诉我们英国教育非常关注的四个要素：自尊、自信、自我接纳和自律。英国的一位校长认为：学校为学生提供良好的相互关爱的校园环境，培养学生自尊自爱，是为了在社会与学业能力方面取得优异成绩。听了嘉迅妈妈的介绍，孩子们对西方学校更加充满好奇，对我的教育教学也很有启发。

**4．电**

班级：四年级（1）班

导师姓名：周子清的爸爸周勇

课时安排：2课时

**授课时间：**

2014年12月8日下午

**本课目标：**

通过授课让孩子们了解并认识自然界“电”存在及产生的原因，电力的种类及应用，如何安全用电，日常节约用电及我国电力发展现状等有关科普知识。

**授课过程：**

授课过程中，通过实物教具（土豆发电）及生活现象来发现电的产生及其影响，然后用PPT展示图片和文字说明的方式详细介绍电的有关知识。介绍时采用通俗易懂的语言、简易的动画和生活中的实际图片等，有利于孩子们接受和理解。同时，充分发挥孩子的主观能动性一起沟通交流。

**相关资料：**

有关电的小常识。

（1）电现象的产生及发现。（摩擦后的梳子能产生静电吸附小纸片和头发）

（2）土豆发电实验，小灯泡能发电。

（3）电的种类。（雷电、火力发电、风电、光伏发电、核电、潮汐发电、水力发电、地热发电等）

（4）电的应用。（日常生活中的各个领域，让孩子自己积极发言总结）

（5）安全用电小常识。（安全用电的卡通片）

（6）节约用电。（生活中的各个方面）

（7）中国电力现状及多少个世界第一。

针对以上内容的讲解，通过小实验和各种展示形式，向孩子们普及电力的科普知识、安全用电小常识，提高节电意识等。此外，“考考你”有奖回答，激发了孩子们参与讨论的积极性。整个沟通交流活动气氛热烈，给孩子们带来了新鲜的知识，让他们获取了书本上学不到的知识，增强了生活本领。

**授课导师感言：**

感谢郭老师提供了家长和孩子一起交流沟通的平台。希望通过有关“电”的科普知识，让孩子了解自然界电的存在、电的产生、电力种类、电力的应用及节约用电的方式，更重要的是通过了解中国电力的现状和发展，让孩子们热爱科学知识，为祖国在电力行业取得的伟大成就而自豪。这种创新教学方式一直坚持下去，将对“向日葵班”的孩子们健康成长和综合能力的提高带来很大好处。

**郭老师听课点评：**

通过周子清爸爸讲的关于电的知识，同学们知道了什么是电流、什么是高压电等，更重要的是知道了安全用电。比如，有高压电线的地方不能放风筝，因为风筝很容易落在电线上，极有可能引发触电；不在变压器旁边逗留、玩耍，更不能因为淘气损坏变压器，这是特别危险的；在上学、放学的路上，发现地上有电线、电缆，千万不要走近，更不要伸手去拉，以免触电；如果发现掉下的电线把人击倒，千万不要伸手拉他，否则不但救不了别人，自己也会触电，正确的方法是用干燥的木棍等绝缘体将电线拨开；户外活动遇到雷雨时，不要站在大树、烟囱、尖塔、电线杆等下面，也不要站在山顶上，因为高耸、凸出的物体容易遭受雷击；在开阔的水面游泳或划船的同学，在雷雨时要赶快离开水面，否则会成为雷击的目标；不爬电线杆，不在电线上晾晒衣物等。这些知识对保护孩子们的安全是非常有益的。

**5．儿童口腔健康的维护**

班级：四年级（1）班

导师姓名：刘景天的爸爸刘洋

课时安排：1课时

**本课目标：**

认识儿童口腔常见疾病，了解防治原则。

**授课过程：**

以PPT为主，以照片辅以实物教具模拟口腔内情况，让每个同学都能正确地进行口腔清洁；采用通俗易懂的语言、拟人化的设计使一些难懂的道理浅显易懂，这有利于同学们接受。

**相关资料：**

儿童口腔保健小常识。拥有一口整齐洁白的牙齿，是孩子和家长的共同心愿。爱护牙齿，从刚出生时就应做起，开展口腔保健，笑拥健康生活！早期养成良好的口腔健康习惯非常重要，所有年龄的孩子都需要注意：

（1）早晚彻底地进行口腔清洁；

（2）控制进食饮料、果汁、甜食的频率和数量；

（3）定期到牙医处做口腔检查（3~6月）；

（4）发现问题，及时就医，无论是乳牙还是恒牙；

（5）保护牙齿，防止外伤，一旦外伤，及时就医，无论是乳牙还是恒牙。

**替牙期的常见问题：**

（1）“双排牙”，即恒牙已经萌出，对应的乳牙还未脱落。这时应尽早拔除乳牙，以帮助恒牙排列到正常的位置上。

（2）新长出的门牙间隙较大。一般来说，刚长出来的门牙间有缝隙是正常的，随着旁边的牙齿陆续萌出，间隙会逐渐缩小至关闭。但如果间隙过大或者迟迟不能关闭，就需要引起注意，到牙医处检查是否有“多生牙”（额外牙）或其他因素阻碍了间隙的关闭。

（3）新长出的牙齿上有锯齿。这是完全正常的，在使用过程中它会逐渐磨平。

（4）牙齿迟萌或萌出不对称。牙齿的萌出时间可能左右侧略有差异，但是如果这种差异过大（大于3~6个月）或者牙齿迟迟没有萌出，需要到牙医处检查，寻找牙齿迟萌的原因。

（5）牙列拥挤。换牙时前恒牙以乳牙的下方或内侧萌出，出现轻度拥挤、扭转或间隙是正常的，可随邻牙的萌出和颌骨的生长发育而自行调整排齐，但要定期观察，最长不应超过半年。如在乳牙完全替换后仍排列不齐，应及时就诊，以免因延误治疗，造成矫正困难。

（6）个别牙齿的反牙合或全牙列的反牙合或明显的咬合异常。正常的牙齿应该是上牙咬在下牙的外侧，如果相反则为反牙合 。这种情况出现时需要及时就医，医生会根据孩子的牙齿发育情况决定是否需要早期矫治。

（7）乳牙过早脱落。乳牙过早缺失，不仅会影响食物咀嚼、消化吸收和下颌骨的正常发育，而且会造成恒牙萌出间隙丧失，导致恒牙萌出时东倒西歪或造成邻近牙齿移位，影响牙齿的稳固和美观。因此需要到牙医处进行检查，确定是否需要进行间隙保持。

（8）牙齿外伤。对于受伤的年轻恒牙，就诊越及时，治疗的效果越好。若整个牙齿从牙槽窝里磕出来了，一定要马上找到脱出的牙齿。记住：捏住牙齿的冠部，就近找凉开水或自来水冲掉牙齿表面粘的污物，但千万不要用刷子或其他东西刷牙齿的根面。然后将洗净的牙齿放回到牙槽窝里，再去找医生。若实在没把握，您可以把牙齿泡在新鲜的冷牛奶内，或放在嘴里含在舌下，赶快找牙科医生。切不可拿在手里或包在纸里，以防牙齿干燥。牙齿离开身体的时间越短，再植后成功的可能性越大，最好在30分钟内赶到牙科医生那里。如果遇到牙齿折断、裂纹、松动移位等情况，也需要及时就医。如果孩子经常从事对抗性或易撞击、摔倒的运动，您可以考虑到牙医处为其做一副防护牙托，在运动时更好地保护牙齿。

**授课导师感言：**

有幸能为儿子的班级进行授课，我倍感荣幸；同时也希望通过自己的努力，为降低儿童口腔疾病的发病率尽一份微薄之力。感谢郭老师为我提供了这样一个平台。

**照片记录：**

**郭老师听课点评：**

周二下午的班会活动课，我们班迎来了一位特殊的老师——刘景天的爸爸。景天爸爸是一位专业牙科医生，他做了精心准备，来给咱们班的孩子们讲怎样爱牙护牙的知识。

景天爸爸为了这次讲座一定下了不少辛苦。看，精致的课件，图文并茂，从牙齿的构造，到了解乳牙与恒牙，特别是针对孩子们中存在的吃手指、托腮、咬笔头等不良现象谈对牙齿的伤害，用生动的图片让孩子们切身认识到这些坏习惯将造成的后果，使孩子们听来有趣而不失收获。景天爸爸专门带来一副牙具模型，借助模型讲如何正确刷牙，孩子们非常踊跃，都想去试一试正确的刷牙方式。景天爸爸还为每一个同学进行了牙齿健康检查。这样的讲堂对孩子的日常护牙帮助真是太大了，大家都非常喜欢。

## 思考与建议

1. 教师需要了解学生的父母，尤其是他们从事的工作，结合班级需要请家长进课堂有针对性地和孩子交流。

2. 每月举行一次就可以，每一次的活动都要经过策划。

# 第四章　培养卓越口才

## 一、让“卓越口才”成为学生的亮丽名片

朱永新教授提出培养卓越口才，也就是通过讲故事、演讲、辩论等形式，使教师和学生愿说、敢说、会说，从而形成终身受益的沟通能力和表达能力。从一定意义上讲，人是通过口才被发现的。我们首师大附小非常重视学生口语表达能力的培养。

以前，在我们的课堂上，经常会出现这样的情景：老师让学生起来回答问题，学生低着头，不言不语，老师无奈，只好让学生坐下了事。是不敢说还是不会说？或是害怕说不好不愿说？我们怎样才能让学生愿意并能很好地开口表达呢？为此，我着实动了一番脑筋，采取了许多促进学生表达的小策略。

有的学生在表述自己解决问题的过程时，啰啰嗦嗦，反反复复，让人听不出头绪，对此，老师在肯定他大胆表达的同时，更要指出他的问题，并告诉学生，要先构思，后说话。先想后说，要快快地想，慢慢地说。构思，就是首先形成“内部语言”，也就是“心里的话”，比如要表明几个观点、几步过程、几个层次、几个部分等等，做到心中有数；然后再形成“外部语言”，也就是“口头语言”。说的时候，速度不可过快，要善于停顿，这不仅能让你自己边想边说使表达更加充分，更加自如，而且能让别人听明白，很好地理解。如果有学生表述啰嗦，可以发动其他同学简练地表达。老师不妨这样说：“就刚才的问题，哪位同学可以说得更概括、简洁一点，让同学们欣赏欣赏你的精彩语言。”只要老师善于指点、善于激励，同学们有强烈的表现欲，他们个个都会跃跃欲试。

学生到讲台上讲话的时候，老师要培养学生全方位的良好状态。比如面孔，要兼顾到面向黑板和面向全班同学；就声音来说，既要洪亮，又要抑扬顿挫；语言表述方面，既要有有声的语言，又要有无声的语言，即表情的传情达意，肢体语言的配合；等等。我告诉学生，说话是为了影响人、说服人，得到他人的认同，让他人接受你的思想和观点、态度和情感。为了达到征服人心的目的，你要有充足、充分的情意和情感，要调动你的“眼语”“表情语”“手势语”“动作语”，来强化有声语言的感染力。效果好的讲话，一定是内容、声音、表情三者的有机配合。尤其是声音和表情，它决定了讲话效果的93%，这是有科学根据的。

这些道理说来容易，但是要学生形成卓越的口才，还有很大的距离，需要通过一系列的活动，使学生参与其中，通过一次次锻炼逐渐提升口语表达能力。

为了提高学生的口语表达能力，我制订了“口头作文”方案，利用作文课训练。先让学生结合作文题目，打好腹稿；然后同桌两位同学相互倾听并评价；再选择3~5人在班级进行口头作文，集体评价；最后回家自己录音，自评或请父母评价；个人每次口头作文时间不少于3分钟，不超过5分钟；不定期地在班级微信群交流。

## 二、我们班独创的“儿童讲堂”教学设计

为了培养孩子们的卓越口才，我策划了一系列活动。我们“向日葵班”的“儿童讲堂”从一年级就开始了。一、二年级时，“儿童讲堂”的讲课内容由孩子们自己确定，他们会根据自己的兴趣爱好选择主题，如花鸟鱼虫、飞机武器、细菌细胞等等，形式多样、内容丰富，讲的人乐在其中，听的人津津有味。到了三年级，我们开始有主题地讲，老师确定主题，孩子们根据主题选择内容和合作伙伴。这样的讲堂不仅增大了课外知识量，也能促进学生合作和研究能力的提升。

**1.“儿童讲堂”行动方案**

每周利用一节阅读课或周五中午进行活动。

第一步：自由选题，选择自己喜欢的主题作为讲课内容。

第二步：自主选择讲座合作伙伴。（自愿组合）

第三步：围绕选择的主题开展研究，包括查资料、实地考察等。

第四步：围绕主题选择可用资料。

第五步：结合资料制作PPT。（有困难可以请教老师、同学或父母）

第六步：自己安排时间试讲。（可以聘请助理讲师）

第七步：正式上课。（随时关注同学的提问或补充）

第八步：课后老师、同学点评。

**2.“儿童讲堂·介绍民族”活动安排（时间：每周五中午）**

| | 讲师 | 民族 |
|---|---|---|
| 第一周 | 丁自远 | 汉族 |
| 第二周 | 赵紫珊　邵可 | 满族 |
| 第三周 | 王楚涵 | 彝族 |
| 第四周 | 刘子涵　庄子悦 | 蒙族 |
| 第五周 | 郭文韬 | 傣族 |
| 第六周 | 丁瑞阳　陈思嘉 | 达斡尔族 |
| 第七周 | 刘景天　李江浩 | 朝鲜族 |

| | | |
|---|---|---|
| 第八周 | 钟辰　陈忱　王润 | 维吾尔族 |
| 第九周 | 潘睿章 | 阿昌族 |
| 第十周 | 刘博修 | 回族 |
| 第十一周 | 苏宸辉 | 苗族 |
| 第十二周 | 谢心欣 | 鄂温克族 |
| 第十三周 | 黎瀚泽 | 藏族 |
| 第十四周 | 周子清 | 土家族 |
| 第十五周 | 胡心怡　罗语佳 | 哈萨克族 |
| 第十六周 | 高羽馨 | 白族 |
| 第十七周 | 庄子悦 | 蒙古族 |
| 第十八周 | 赵亮 | 羌族 |
| 备注：四年级上学期 | | |

**3.“儿童讲堂·古代诗（词）人” 活动安排（时间：每周五中午）**

| | 讲师 | 内容 |
|---|---|---|
| 第一周 | 胡心怡　罗语佳 | 哈萨克族（上学期） |
| 第二周 | 高羽馨　周子清 | 白族　土家族（上学期） |
| 第三周 | 潘睿章　钟辰 | 杜甫 |
| 第四周 | 王楚涵　王双 | 岳飞 |
| 第五周 | 丁瑞阳　陈思嘉 | 王维 |
| 第六周 | 陈忱　季欣雨　张昕冉 | 苏轼 |
| 第七周 | 刘景天　王紫麒 | 范仲淹 |
| 第八周 | 赵亮　和法忻 | 王安石 |

| | | |
|---|---|---|
| 第九周 | 张嘉迅　谢心欣 | 于谦 |
| 第十周 | 李江浩　唐楚沣 | 李白 |
| 第十一周 | 高静如　赵紫珊　王毓鹏 | 李清照 |
| 第十二周 | 崔兰一铭　崔景颢 | 韩愈 |
| 第十三周 | 李卓衡　刘博修　郭文韬 | 白居易 |
| 第十四周 | 苏宸辉　邵可 | 陆游 |
| 第十五周 | 胡心怡　刘子涵　王润 | 杜牧 |
| 备注：<br>1. 认真搜集、精心选取资料。<br>2. 形式活动，鼓励创新教学方法。<br>3. 请提前两天将PPT上传班级电脑。（讲师请潘睿章或钟辰帮助）<br>4. 板书设计。（胡心怡或王润团队）<br>5. 四年级下学期。 | | |

**4. “儿童讲堂·阿昌族”的教学设计方案**

| 班级 | 四年级（1）班 | 小讲师 | 潘睿章 |
|---|---|---|---|
| 课题 | 儿童大讲堂——阿昌族 | 授课时间 | 2015年11月10日 |
| 教学目标 | 让同学们初步认识和了解我国的少数民族之一阿昌族。教学内容包括阿昌族的民族概况、文化艺术、民族节日和民俗风情等四大项，而每个大项又由若干个小项组成。 | | |
| 教学准备 | 兴趣是最好的老师，小讲师希望同学们能在游戏和欢乐的氛围中接收到小讲师想传达的内容，并据此准备内容和设计方案。<br>（1）小讲师为什么选择阿昌族进行介绍？<br>（2）阿昌族在整个民族大家庭中处于什么样的位置？<br>（3）阿昌族有什么别具一格的东西和特色？<br>（4）如何激起同学们的好奇心，让他们在轻松的气氛中学习到知识？<br>初步确定教学方案和思路后，小讲师上网查阅阿昌族的资料，根据教学内容搜集和整理素材，精心设计PPT。在备课的同时，不断地完善PPT，并根据同学们的兴趣点设计互动方案。 | | |

| | |
|---|---|
| 教学过程 | （1）通过几个数字和问题引出教学任务：阿昌族<br>①37+19=56，其中的37和19是什么意思呢？（答案：10万以上人口的民族是37个，10万以下人口的民族是19个）<br>②抓住同学们的兴趣点进行互动：阿昌族是属于10万以上人口的民族，还是属于10万以下人口的民族呢？再接着提问：阿昌族的人口排名是多少呢？<br>③与同学们互动，猜猜小讲师为什么会选择阿昌族来进行介绍？用自身经历吸引同学们，在愉快的氛围中开始讲解。<br>（2）民族概况环节：包括名称由来、人口、地域分布等内容。在介绍地域分布时，首先展示全国的民族分布图，然后是云南省地图，最后是阿昌族的民族分布图，通过由大到小、由粗到细的方式，让同学们对阿昌族的分布区域有更加清楚的认识：云南在中国的什么位置，阿昌族又在云南省的什么位置。<br>（3）文化艺术环节包括语言、宗教、服饰、文体、建筑等内容。<br>①在语言和宗教部分设计了两个互动环节，让同学们在抢答中更深刻地了解到阿昌族的人民会说五种语言，与人亲近，并十分信仰宗教。<br>②在服饰部分设计了4个互动环节，让同学们在游戏中牢牢地记住阿昌族男女服饰的不同，未婚与已婚服饰的区别等。<br>③在建筑和文体部分，利用图解和自身经历让同学们对阿昌族的建筑风格和文体特色有个大致的认识。<br>④在户撒刀部分，着重介绍户撒刀的做工精细，既能绕在腰间，也能劈柴，削铁如泥。最后用一个小互动让同学们在紧张的学习过程中放松一下，哈哈一笑。<br>（4）民族节日环节包括窝罗节和其他一些有特色的节日。以介绍窝罗节这个阿昌族的独特节日为主，简略带过其他节日，因为很多民族的节日是相同的，例如泼水节，之前的小讲师已经讲解过，故不再特别介绍。<br>（5）民俗风情包括一般礼仪、禁忌、婚俗和饮食几个部分。<br>①一般礼仪部分，小讲师现场进行演示，并进行互动。<br>②禁忌部分，主要讲解一下我们容易忽略或犯错的禁忌，并进行互动，让同学们了解这些禁忌不是无缘无故存在的。<br>③在婚俗部分，利用实例和互动，让同学们在欢乐中了解到阿昌族主要的婚俗特点。<br>④在饮食部分，特别选择了稻田鱼、糯米粑粑、过手米线和嚼烟几个内容，并设计了互动环节，让同学们对这些食物有更深的印象。<br>通过启发式的方法，让孩子们主动上网查看“为什么会有清明小长假”。 |

## 5.“儿童讲堂·范仲淹”的教学设计方案

| 班级 | 四年级（1）班 | 小讲师 | 王紫麒、刘景天 |
|---|---|---|---|
| 课题 | 范仲淹 | 课时安排 | 1课时 |
| 教学目标 | 了解范仲淹的生平、生活背景以及他的高尚人格，掌握《岳阳楼记》的创作背景，了解“先天下之忧而忧，后天下之乐而乐”的思想和仁人志士的节操。 | | |
| 教学过程 | （1）以范仲淹的名句“先天下之忧而忧，后天下之乐而乐”引出所讲授的内容。<br>（2）介绍范仲淹。范仲淹（989—1053），字希文，谥文正。原名朱说（yuè）。北宋著名的政治家、文学家、军事家、教育家。<br>（3）介绍“断齑画粥”的成语典故。范仲淹幼年丧父，4岁时随继父迁至长山，取名朱说。他励志苦读于醴（lǐ）泉寺。因家境贫寒，便用两升小米煮粥，隔夜，粥凝固后，用刀切成四块，早晚各食两块，再切一些腌菜佐食。成年后，范仲淹又到应天书院刻苦攻读，冬天读书疲倦发困时，就用冷水洗脸，没有东西吃时，就喝稀粥度日。一般人不能忍受的困苦生活，范仲淹却从不叫苦。<br>同时引出该成语的近义词和反义词。<br>（4）介绍范仲淹苦学及第的情况。大中祥符八年（1015），范仲淹以“朱说”之名，登蔡齐榜，由“寒儒”成为进士，被任为广德军司理参军，掌管讼狱、案件事宜，官居九品。天禧元年（1017），范仲淹以治狱廉平、刚正不阿，升为文林郎，任集庆军节度推官，便归宗复姓，恢复范仲淹之名。庆历三年（1043），宋仁宗召范仲淹回京，拜参知政事（副宰相）。<br>（5）介绍范仲淹的“三光风范”。范仲淹忧国忧民，不图个人荣华富贵，从27岁进士及第到55岁主持新政，在漫长的官宦生涯中，范仲淹关心政治，每遇国家大事，总是慷慨直言，由于他直言敢为，曾在八九年里三次被贬：1029年，范仲淹因谏言太后还政，被贬；接着又在废郭皇后上二次被贬；1035年，范仲淹上《百官图》第三次被贬。据丁传靖《宋人轶事汇编》记载，范仲淹三次被贬，每贬一次，时人称“光”（光耀）一次，第一次称为“极光”，第二次称为“愈光”，第三次称为“尤光”。 | | |

| | |
|---|---|
| 教学过程 | （6）介绍《岳阳楼记》。创作背景：写于庆历六年（1046）。因实施新政失败，范仲淹贬于河南邓州，庆历五年（1045）滕子京重修岳阳楼，请范仲淹作记，并附上一幅《洞庭晚秋图》。写此文时范仲淹并未登临岳阳楼，只凭借此图写出了《岳阳楼记》。<br>（7）介绍《岳阳楼记》的原文，尤其着重介绍“不以物喜，不以己悲”和“先天下之忧而忧，后天下之乐而乐”两句。<br>（8）作品鉴赏。文章通过对洞庭湖的侧面描写衬托岳阳楼。滕子京是因诬陷而被贬的，范仲淹正是借作记之机，含蓄规劝他要“不以物喜，不以己悲”，试图以自己“先天下之忧而忧，后天下之乐而乐”的济世情怀和乐观精神感染老友。这是本文命意之所在，也决定了文章叙议结合的风格。《岳阳楼记》超越了单纯写山水楼观的狭境，将自然界的晦明变化、风雨阴晴和“迁客骚人”的“览物之情”结合起来写，从而将全文的重心放到了论述政治理想方面，扩展了文章的境界。<br>（9）通过图片对比古今岳阳楼的景色。<br>（10）历代文人对范仲淹的评价。苏轼：出为名相，处为名贤；乐在人后，忧在人先。欧阳修：公少有大志，每以天下为己任。王安石：一世之师，由初起终，名节无疵。 |
| 家长导师感　言 | 孩子们积极踊跃的提问和富有创见的回答给了我启发，也带来了惊喜，我也切身感受到古代文学的阅读对孩子们人文情怀的深远影响。能和这些孩子交流是一件很快乐的事情！ |
| 照片记录 |  |

## 三、孩子家长记录“儿童讲堂”

**1．张嘉迅妈妈：《走进首师大附小儿童大讲堂》**

经常在手机短信中看到郭老师发来的有关“儿童大讲堂”的信息，也经常在希望谷的班级博客上看到孩子们写的有关“儿童大讲堂”的事情。作为一名一年级“小豆包”的家长，我对这个大讲堂感到分外好奇，这个完全由小同学们自己组织的大讲堂究竟会讲些什么呢？孩子们是怎么充分地参与其中呢？善解人意的班主任郭老师邀请我参加了一期由丁自远同学组织的儿童大讲堂，这让我了解到这是一个多么生动、活泼有趣味又有意义的活动。

5月17日，我怀着一颗紧张而又兴奋的心走进了首师大附小一年级（1）班，见证了儿童大讲堂从开始到结束的整个进程。讲座开始之前的黑板布置，完全是由同学们自行设计、自发装饰的。黑板布置完成之后，由主讲人丁自远同学介绍他的讲座主题《地雷在战争中的用途》，并介绍了他聘请的“助教”赵紫珊同学，以及他聘请的“翻页师”钟辰同学。介绍完毕，小丁讲师还专门带领全班同学欢迎了我这名拿着照相机不停“咔嚓咔嚓”的不速之客，这让我小小地吃了一惊的同时，也感到非常开心与自豪。

之后丁讲师就滔滔不绝地讲起了有关地雷的话题。我暗暗在想：讲武器，会不会就男孩子们感兴趣啊，女孩子们能听懂吗？看着丁讲师精心准备的PPT，以及台下孩子们聚精会神的表情，翻页师以及助教及时到位的帮助，我的疑虑顿消。事实上，在大家自由提问的时候，丁瑞阳、王紫麒等好多女同学也争先恐后地举起了小手。丁讲师还特别地照顾了我这名班外人士，允许我帮大家选择一个问题。真没想到，我还能够充分地参与讲座讨论，真是好开心啊！大家的问题层出不穷，丁讲师一时回答不完的问题，由他的智囊团成员兼“军师”李江浩同学一一作答。整个讲堂有讲有听、有问有答、有理有据。

最最让人感动的是，在讲座结束时，一直在教室后面默默听讲的郭老师做了一个点睛的结尾，由武器讲到了和平。这时参与的孩子们就更多了，由钓鱼岛到保卫祖国，由战争到和平，无拘无束、天马行空地谈着自己的想法。即使他们的想法现在看来还很幼稚，但也得到了老师的充分肯定与赞许。

一直以为这个讲堂是学校要求开办的，郭老师告诉我，开办这个讲堂的想法完全来于同学们。之前有名同学对恐龙特别感兴趣，利用一切课余时间给郭老师讲解恐龙的历史、种类、进化……后来郭老师想，何不开一个自由的讲座，由孩子们选择自己感兴趣的话题，与同学们一起分享自己的爱好与欢乐呢！讲座从上学期就开始办了，主题也十分广泛，有恐龙、孔雀、甲午战争、地雷、围棋的基础知识等等。讲堂由学生自己筹划、组织、聘任助手、回答问题。现在看来，这样的讲座真是既有趣味又有意义，既丰富了同学们的课外知识，也开阔了小朋友的视野。别说小学生，就连家长也都很想参加。

以下是讲座中我拍摄的一些照片（更多照片都放在班级的相册里啦）。

（1）这是咱们的小讲师——丁自远老师。

（2）这位是御用翻页师——钟辰先生 。

（3）这位领大家读结束语的是御用顾问——赵紫珊女士。（抱歉啊，怕打扰赵老师领读，只给了一个背影。赵老师全程又是拍照、又是领读，还要纠正丁讲师的个别错别字，很辛苦哦）

突然发现手机里有一张紫珊和嘉迅一起到校门口接我的照片，赶紧补上。

（4）这位是智囊团兼军师——李江浩先生，当丁讲师忙不过来的时候，就由李老师出面解决啦。

（5）瞧，这是同学们自主设计的黑板板面，开始的时候主讲人还是咱们都不认识的“丁自远”，后来不知被谁填了最重要的一横，这样，讲师就又变成咱们班的丁自远啦。

（6）瞧，同学们听得多认真。

（7）哦，这么多有“问题”的小手儿……

（8）停一下，停一下，讲师憋不住了，要去厕所。咱们换午餐时间再继续讨论可以吗？

（9）非常有意义的结束语。

最后引用张嘉迅同学每次写作文的必用结尾——“这真是快乐的一节课！”

**2．胡心怡妈妈：《胡心怡的大讲堂》**

“妈妈，妈妈，妈妈，我们有儿童大讲堂了，今天赵紫珊给大家讲了《抗日英雄赵一曼》，郭老师说大家都可以讲，我也要讲！”那是一年级时的一个下午，薇薇放学后，一直在滔滔不绝地说他们的大讲堂。“那你要讲什么呢？”我问。薇薇歪着头想了一阵子：“生物！”这我一点也不觉得奇怪，因为薇薇的理想就是当一名生物学家。“生物有那么多，一堂课也讲不完，你得选个具体的。”“那就动物吧。”“动物也很多啊。”“那，讲鸟类吧。”“好吧。”虽然也具体不了多少，但我想，让她试试吧。

“作大讲堂需要什么呀？”“要做PPT。”“你会做PPT吗？”“不会！不过你可以帮我做嘛。”我心里暗想：你真能给我找活，你妈我自己的活还忙不过来呢。“那这样吧，你和我一起做，你也学习学习。”“好！”“不过我有一个要求，做PPT要有耐心，好好做，而且不能着急，什么时候做完了你就去讲，不准催我。”“好！”答得倒挺利索。我们就开始了。

薇薇把她的《我的第一套百科全书——动物卷（下）》拿来。我打开家里的电脑，题目是薇薇自己想的《鸟类的世界》，薇薇选好文字，我帮她打字，一起在百度上找图片，叽叽喳喳地讨论，母女合作的时光还真是愉快啊！

“向日葵班”的同学们都特别积极地报名参加儿童大讲堂，轮到薇薇的时候，已经是二年级了。那天早上，薇薇穿得一本正经，拿着在家里已经练习了很多遍的PPT的优盘，一脸严肃地踏进校门。下午我去接她的时候，薇薇一脸兴奋，把我都拽歪了，在我耳边说：“妈妈，妈妈，郭老师说我讲得可好了，说我跟教授一样！”当下，我当然是在她满是得意的腮帮子上献上重重的、鼓励的一吻。其实，我已经看到老师拍的照片了，她小小的身体站得挺直，表情严肃得像个小学究，从同学们的表情看来，他们还听得挺专心的。宝贝，祝贺你这一次的成功，自己辛勤付出之后的成果才是甜蜜的。

有了老师的鼓励和同学们的支持，薇薇更加积极了，她第二天就开始想下一次要讲的内容。这一次她说：“妈妈，我自己做PPT。”她不要我帮忙，自己百度找图片，一幅一幅找最好看的图片；自己用拼音打字，小手指头费劲地在键盘上戳戳点点；自己设计PPT，楷体字好看，还是宋体字好看，换过来换过去。我偶尔过来看一眼，教她个新技能，加个动画，或者拷贝粘贴，薇薇学得兴致盎然。就这样，如同蚂蚁搬家一般，薇薇的《花朵的秘密》在无数个周末的努力后逐渐成形。

“妈妈，今天罗语佳和高羽馨说，想跟我一起讲花朵的秘密。”“好啊。”薇薇之前已经有跟同学合作的经历，她给赵紫珊做过助教，上次佳佳也跟她一起讲。“这次我要好好安排一下，”薇薇一边打开她的PPT，一边叨叨着，“高子喜欢紫色的丁香花，罗子随便都行，这一页我讲，然后……”

这一次的大讲堂进行得也挺顺利，在郭老师的照片中我看到，讲台上的薇薇还是站得挺直，脸上表现出自然又自信的微笑。

暑假里，薇薇读了一套《我的拉鲁斯小百科》，她找了好几本书出来，说："妈妈，这本书乍一看很简单，像是给3岁小孩看的，但仔细读来，有好多知识小学生都不知道。我要在儿童大讲堂上给大家讲这几本书。"这次驾轻就熟，薇薇一有空就做《最酷的动物》PPT，还是她们三个女孩一起讲。正式讲的前一天，薇薇要讲给我和她弟弟听，等我们坐好，她眉飞色舞地开讲了："今天，我们要给大家讲最酷的动物，什么动物最酷呢？是大象、恐龙，还是狼？你心目中什么动物最酷？……"听到这里我就知道她第二天的讲座一定会讲得不错的。

从严肃的一字一句地朗读，到微笑，再到轻松地与听众们沟通，我不知道是什么促成她这样的变化，是阅读，还是聆听？是老师，还是同学？但我乐见这样的成长。

## 四、"小小演说家"活动

### 1."小小演说家"活动方案（队会时间）

（1）中队长和组织委员商议演讲主题，提前一周告诉同学们。

（2）聘请演讲活动主持人。（主持人写主持词、安排顺序）

（3）第一次演讲后评选出四位最佳演说家。

（4）第二次演讲：四位演说家当场抽题现场演讲。

（5）第三次演讲：演说家当导师，聆听并评价每一位同学的演讲。

这次演讲需要三周时间，人人登台讲。

集体投票，评选新导师。

（6）新导师组织下一轮演讲。（利用每周的队会活动时间）

（7）学期末，给优秀导师颁奖。（树立榜样）

通过一系列培养卓越口才活动的开展，许多同学脱颖而出。赵紫珊、郭文韬分别在学校演讲大赛中获得一等奖，我们班的丁瑞阳同学也是其中一位，荣获校级冠军并代表学校参加海淀区演讲比赛。

**2．丁瑞阳同学的演讲稿**

## 孝敬父母，从当下做起

在开始我的演讲前，我给大家讲一个外国小故事：

美国小朋友比尔喜欢上了一个10美元的玩具飞机，他想让妈妈资助他买这个玩具。于是回到家他给妈妈列了一张清单——比尔帮妈妈擦地：1美元；刷盘子：1美元；除草：3美元等等。比尔把清单放在了床头，理直气壮地递给了妈妈。比尔的妈妈看了看，就笑了，也给比尔列了一个清单——妈妈陪比尔散心：0美元；辅导做业：0美元；带比尔看病：0美元；给比尔做饭：0美元；接送比尔上下学：0美元；妈妈生养比尔：0美元。

当我看了这个故事，我的内心受到了很大的触动。是啊，为什么我们为父母做一点点小事，都记得那么清楚，而父母为我们做了这么多，我们怎么就像比尔一样没有感觉到呢？

当我还是一个幼儿时，在我记忆里最温暖的就是妈妈温和的笑脸和爸爸把我抱在怀里的回忆。我成长的每一步，都是爸爸妈妈带给我爱的力量，爱的回忆。

妈妈的爱无微不至，生病时关切的眼神，彻夜不眠熬红的眼睛，轻抚我头发时那安慰的目光都让我不能忘怀。还有妈妈每天风雨无阻地接送我上学、放学。我记得在我很小的时候，不爱走路，妈妈更是风雨无阻地背着我上、下天桥。

爸爸的爱威严又幽默，对我的爱更加深沉。还记得，有一次妹妹不小心将我的腿划破了，爸爸一边抱着我，一边按住伤口。我看到汗水湿透了他的衬衫，他脸上的焦急，让我知道了我在爸爸的生命里有多么重要。

直到有一天，我看到母亲眼角的皱纹和父亲忙碌的身影，忽然发觉，父母老了，我长大了。从来都是父母把无尽的爱给我，我从未想过能为他们做些什么。

记得我看过的一本书上说：父母就是离我们最近的佛。

那么，做儿女的呢？俗话说：树欲静而风不止，子欲养而亲不待。我们对父母的孝敬不是等长大了，等到父母老得不能动了才孝敬，而是应从当下的每一件小事开始就回报父母对我们的爱。

父母给了我们健康的体魄、温暖的家，让我们吃饱穿暖，努力满足我们的各种要求，如果这些你都视若无睹，不懂感恩，那么，你同样不可能怀着感恩的心去爱身边的其他人，去爱我们的集体，去爱我们的国家。因为，为你付出青春年华、给了你生命的父母你都不懂得去爱，你的心中还能有谁呢？如果一个人连生养他的父母都不去孝敬、不去爱，谁又能和你成为朋友呢?

所以我觉得，孝敬父母应从当下做起。

生活中，当我们和爸爸妈妈一起出行的时候，不要把所有的重物都让大人拎着，我们也可以分担一些以减轻重量。如果连自己的书包都不愿承担的孩子，很难想象，他将来能撑起父母的晚年。你当下应该有的担当都不承担，怎能撑起父母的期待。

爸爸妈妈对我们的爱无微不至，我们是否想过给父母一些关爱。爸爸累了一天回到家里，给爸爸倒杯水；妈妈病了，陪在妈妈身边，给妈妈一些关心和慰藉。父母给我们的爱不是理所应当的，我们应该心怀感恩。一个不懂得感恩的孩子，父母就是把天上的星星和月亮都摘下来，你都会觉得这星星、月亮还不够闪亮。

孝敬父母从当下做起，不是一句简单的空话，而是要真实地落实在行动上。当父母批评我们的时候，我们是和父母犟嘴，不予理睬呢，还是虚心接受，并且加以认真改正呢?

亲爱的同学们，让我们一起做一个孝敬父母、懂得感恩的好少年吧！

### 3．丁瑞阳同学参加海淀区演讲比赛演讲稿

## 共享一片蓝天，保护环境从我做起

尊敬的各位老师、同学，大家好！我是来自首都师范大学附属小学的丁瑞阳，今天我演讲的题目是“共享一片蓝天，保护环境从我做起”。

首先向大家介绍一下自己：我是一个小小旅游迷，我喜欢高山、蓝天、白云、碧海！今年寒假，当我从椰风海浪的海南三亚飞跃千里回到我思念的首都北京之时，走出机场，空气中一股浓烈呛鼻的气味使我开始不停地呛咳。北京，这还是我深爱的北京吗？为什么现在的你，让我眼前雾霾笼罩，喘不过气来？再看看身边行色匆匆的行人，都带着各种奇形怪状的口罩，眉头紧锁，仿佛想快些逃离。

阴沉的雾霾、灰色的天空让我生活在压抑和深深的无奈之中。我开始抱怨：真糟糕，今天雾霾，又不能正常跑步了；今天雾霾，又不能上体育课了；今天雾霾，又不能正常进行欢快的游戏了。这时，一个声音在我的脑海中响起：抱怨有什么意义呢，作为一个城市的小公民，能为这个城市的环境保护做些什么呢？我暗自下决心：保护环境，从我开始，从一点一滴的行动开始！行动是最有力量的语言！

还记得去年春节之前，爸爸兴致勃勃地说：“阳阳，我带你去一个好地方。”好地方？是去商场给我买新书包还是漂亮裙子，是去博物馆吗？那是我最喜欢的地方；也许是电影院，听说最近有部新动画片上映。我一路很好奇，也很兴奋地猜想着。谁知，爸爸开车七拐八拐地停在了烟花爆竹市场前。我惊愕地看着爸爸，爸爸很奇怪我有如此表情，问我：“阳阳，你不是最喜欢漂亮的烟花吗?”“是啊，爸爸，我是喜欢，可是现在北京空气状况不乐观啊！我决定，什么也不买。”爸爸说不放鞭炮感觉没年味儿，他犹豫了一下，还是同意了，拍着我的肩膀，夸我长大了。我们虽然没买爆竹，内心

却像烟花般绽放。

在我家厨房里，除垃圾桶外，还专有一个废水桶，妈妈把淘米水、洗菜水倒这桶里，用来浇花、洗抹布、冲厕所，日久天长也节约了不少水呢。我们很少买口香糖，一次性塑料袋能使用数十次，外出吃饭从不使用一次性筷子。我们身体力行，为赢得“蓝天、白云、碧海”作出自己的贡献。

虽然我们年纪还小，但是，这个年龄却正是树立环境保护意识的年龄，正是从小事做起、从一点一滴做起的年龄，为了让我们生活的世界山清水秀，为了让栖息的家园绿树蓝天，我们行动起来，从我开始！从点滴开始！勿以善小而不为！行动起来，就从此刻开始！

## 思考与建议

1. 三组活动不是同时进行。
2. 儿童讲堂每周一次，每次20—40分钟。
3. 口头作文假期进行，可以用微信或其他方式录音传给老师。
4. “我是小小演说家”活动每学期进行两次。

# 第五章　构建理想课堂

## 一、改变，创造，构建理想课堂

朱永新老师在《新教育》中指出：通过创设平等、民主、和谐的课堂气氛，通过在人类文化知识和学生生活体验之间形成有机的联系，实现高效的课堂并追求个性的课堂。课堂是真实教育生活的一个重要的组成部分。这种生活应该是民主的、平等的、和谐的，注重把人类的文化指标体系和学生生活体验有机地联系起来。我们提出高效的课堂，同时追求个性的课堂。

理想课堂有三重境界。第一重境界：落实有效教学框架——为课堂奠定一个坚实的基础；第二重境界：发掘知识这一伟大事物内在的魅力；第三重境界：知识、社会生活与师生生命的深刻共鸣。

2012年9月，我有幸参加了新教育实验。新教育实验的十大行动对于我们新加入的老师来说，是十座极具魅力的山峰。大家都知道其中的无限美好，但是身处其中向上攀爬的过程中又会面临许多困难。构建理想课堂就是其中最具魅力和挑战性的一座高峰。“只要行动，就有收获；只有坚持，才有奇迹。”朱永新教授的这句话鼓舞着数以万计的老师，也包括我。我一边阅读相关书籍，一边思考，结合班级具体情况和生源特点展开实践，日复一日，新教育实验给我的课堂带来巨大改变。原来传统的教师带班教课，学生听课、完成作业，变成教师丰富多彩地引导启发，学生生动活泼地自主学习。我主要从以下几个方面进行了探索和实践。

关注学生状态。学生的多读、多写、多思、多问，是最重要的语文实践，是实现语文积累、提高语文学习的文化品位的基本途径。我的语文教学课堂应该是学生的课堂，是学生充分施展和表现才能、取得学习成果的时空。学生的状态应该是自主的、生动活泼的、具有生命活力的。

师生共同学习。在课堂上，我与学生是平等的，与学生应该是心与心的交流，营造好的学习氛围，课堂就一定会是民主的、和谐的，学生的学习就会是愉悦的。尊重学生，课堂上要真学、真思、真练、真会。师生互动，交往更加自然、和谐、融洽。

课堂充满活力。教学设计简约，教学内容适合学生认知，教学方法简单灵活。简单意味着可以学习，是学生经过努力可以达到的。简便的方法、简捷的思路是为学生所喜欢、所乐意接受的。

课堂不唯课本。课堂应是能透过墙壁看世界的，应具有很强的开放性和延展性，它不能仅限于课堂，课本也仅是教学的范例。我力求凭借课文中的一个点加以延伸转换，使之与课堂外、现实中的实际生活结合起来，通过实践性的活动，让学生生成和建构起一些新的认知能力。

课堂请学生当助教。学习某一篇课文时，如果哪位同学对这个内容很感兴趣，可以先独立进行研究，然后和老师同上讲台共同教学。

我的改变也带来了可喜的收获，我的教研文章《老师，请让我来讲》收在海淀名校长教育丛书中，《让我们自由并快乐地写着》《“读写绘”替代“抄写背”》分别获得北京市“京研杯”论文一等奖，还有一些案例和论文在教育期刊发表。近年来，我在北京市骨干教师研修班上公开课，在海淀区教研中先后上了六节研究课，每一次上课都有百余名教师听课，这些教学和交流活动促使我不断深入课堂教学研究。有时候，为了指导学生写好一个汉字，要查阅很多文献资料研究字理；有时候为弄明白一个问题，打长途电话和专家交流一两个小时……一边研究一边写心得，为自己积累经验。机会总是青睐那些有准备的人，“准备”就是平时的点滴积累，聚少成多，聚沙成塔，就是平时的善思、善写、善说、善读、善总结。我对课堂教学始终热爱并永葆热情，在积累这件事上舍得花时间，在课堂教学改革上敢于尝试新的路径。因此，我也成了善于积累和研究的受益者，连续四届被评为海淀区语文学科带头人。

**【附一】教研文章**

## 老师，请让我来讲

听说明天有北京市的领导走进教室随堂听课，郭老师有些小紧张呢！

放学后，送走了孩子们，她重新回到教室。

“卓衡，江浩，你们已经把教室打扫得很干净了，赶快回家吧。”郭老师急促地催着。

“老师，我们是托管班的，不怕晚，还可以再做得好一些。”卓衡赶忙回应老师。郭老师知道，这孩子为班级做好事一向很积极。

“老师，要不这样，您不用等我们，我们值完日自己能走，都这么晚了，您先下班回家休息吧。”江浩这孩子，一向很为别人着想。

“哎——！”老师长长地叹了一口气，“我说孩子呀，今天还不定什么时候才能回家呢，我是想等你们值完日，我自己在教室里准备一下明天要上的课，需要做的事情还多着呢。”郭老师在讲台前走来转去，一副很焦急的样子。江浩是班级的智多星，他突发奇想，对老师说：“要不这样，我们和您一起研究课堂怎样？您先说说您的想法，我们来提建议。”郭老师一听，紧锁的眉头一下子舒展开了，兴奋得像个孩子，拍着手说：“好啊！好啊！”当郭老师和两位同学的父母沟通好之后，三个人的研究就开始了。

天渐渐黑了，窗外有星光，室内有灯光。这师生三人研究得热火朝天，还不时传来笑声呢！这不，老师的PPT中“乌贼”两个字，被写成“无贼”，江浩最先发现，马上告诉老师。老师一看“噗嗤”一声笑了，卓衡也笑出了声，江浩跟着也呵呵笑着，就这样，他们笑了一阵子。

笑过之后，继续研究。老师讲讲停停，问这样是不是能听得明白？那样是不是更有趣？老师留给同学思考的时间够不够？问他们还有什么新想法？这两个小同学不住地给老师想方法。在讨论海底动物的生活方式时，江浩说：“老师，这部分可以让我讲，我读过海洋动物的书，还可以给课文内容补充一下。咱班还有了解海洋动物的同学，我组织同学补充，这样一定比只学课文有趣。”尽管郭老师心里隐隐担心，但是孩子们的勇气可嘉，于是很痛快地同意了。就这样，他们忙碌了一个晚上，还一起学习并查阅了许多资料。

在老师将PPT课件再次调试时，江浩主动提出要在黑板上帮老师画线，有了线写字就不会写得歪歪扭扭了。郭老师真想不到三年级的孩子能为老师想得这么周到。这时候，卓衡也没闲着，他在黑板上画画，郭老师赶忙上前解释，上课是很严肃的事，这时候可不能在黑板上乱画，老师还要用黑板写字呢！说完就忙自己的事去了。偶尔一回头，卓衡竟然画出许多条各种各样的鱼。这时候老师恍然明白，明天要学习《海底世界》，他是在为老师创造海底世界的环境啊！

感觉一切准备妥当，可以关灯走人了，江浩拉了老师的手一下，说：“老师，您讲的有些内容其实我们也可以讲明白，能让我们讲的您就让我们来讲吧，您嗓子不好，别太劳累。”此时，郭老师的心里暖呼呼的。班里孩子都知道她有慢性咽炎，经常喝中药、含药片。她拉着江浩的手，告诉他这个提议非常好，让老师很感动，学生能讲的老师不讲，让学生成为课堂上学习的主人是很好的教学理念，老师明天的课定要做到这一点。

第二天，随着上课铃声响起，宋校长、史书记及学校的其他领导陪同市领导走进三年级（1）班。郭老师先组织同学们小组交流，说说自己读懂了什么，存在哪些问题。然后把问题梳理归类后，请同学围绕问题深入学习课文，自己找答案，找到的同学给大家讲。在讲到几百米以下的海底全黑时，其他同学结合课文内容概括地说海底世界是什么样子。王浚伊高高举着手，向讲的同学质疑："我读过一本书，书中讲的海底和课文中的截然不同，真正的海底世界并不像课文中写的那样。""你读的那本书是什么名字？能带来看看吗?"一位同学将信将疑。"不用明天，现在我就带着呢，听我给大家读一读这一段。"说完他就认认真真地读起来，他边读边讲，听他讲得头头是道，听得同学们个个睁大眼睛，听课的老师们频频微笑点头。最后，庄子悦、唐楚沣等同学还用诗歌来表达对大海的热爱和向往。40分钟的时间很快过去了，市领导对郭老师说："和你们班孩子一起上课的感觉很幸福！他们很会学习，很有思想，很会表达。我看，在你们班，将来是要出诗人了！"听着这样的评价，真让老师心里美滋滋的。

是啊，孩子们的力量真是不可小觑！让孩子深入参与，成为学习的主体，把更多的空间和时间留给孩子，当他们成为主"讲"人时，课堂会更加生动、美好。

### 【附二】一个学期的研究课、交流活动及成果

#### （1）教学研究课

2015年9月，上公开课《孔子和学生》时，与语文学科组长黄老师、我的徒弟柴老师一起研究：如何将课上阅读与课外阅读很好地联系，使学生课后能够主动地去了解孔子，阅读《论语》等经典作品。

2015年10月，“儿童讲堂”——邵可、赵紫珊讲《满族》，全班孩子及其家长参加。“小讲师”身着满族服装，有声有色地介绍满族文化，家长们惊叹这么小的孩子能有如此不一般的组织和表达能力，表示家庭一定要更好地配合学校教育。

2015年11月，上《钓鱼的启示》交流课。三年级语文组老师3人参与。研究课题是在阅读的过程中培养写作能力，结合这节课示范和阅读指导学生写好生活中的小事。

**(2) 教学经验交流**

2015年10月，海淀区校本培训检查组近20人进入校园，对学校教师培训情况进行督导，我和5名同学在会议上作汇报发言。我们的发言得到了督导组老师们的一致好评，圆满完成了学校交给的任务。

2015年11月，来自山西的校长和骨干教师团队在我们学校学习一周，我和来访团队进行了“培养卓越口才”经验交流。我们班级特有的“儿童讲堂”“小小演说家”“口头作文”等活动得到大家一致好评。

2015年11月，我与美术学科廖老师一起上交流课“游花园”，来自香港的陈老师和本校教师3人听课。听课的老师们对于轻松阅读的特色课堂都很赞赏。

### （3）学生成果

2015年第一学期末，我们班在学校的童心剧场举行汇报庆典。参加庆典的嘉宾有海淀区教研室的领导，朱永新教授及几位新教育的著名教师、班级的学科任教老师、班上孩子们的家长等。庆典结束后朱老师进行点评，给予我们鼓励的同时也提出了努力方向。

2015年12月，在学校的多功能厅进行我班学生庄子悦个人诗集《向日葵·爱》发布会，我在发布会上介绍了庄子悦三年来的成长以及晨诵诗歌带给孩子的意外收获。宋校长和学校的中层领导参加了本次活动，对庄子悦的诗歌给予了高度赞赏，海淀新闻也报道了本次发布会。

2015年第一学期末，我为来校学习的老师们介绍了班级创作的诗歌和小说。看了我们班级的诗集《葵园小太阳》、班级小说集《遇见你是我最大的幸福》，对于我们不拘泥于教材，走向儿童文学的阅读和创作，老师们很赞赏。

## 二、让孩子们如花儿自由快乐地绽放——低年级写话能力培养

写作是运用语言文字进行表达和交流的重要方式，在语文教学中占有非常重要的地位。低年级的写作即为写话，在教学中，我充分利用教材，巧妙使用绘本，用写绘的方式提高学生自由创作的能力，用儿童大讲堂的方式提高学生的语言组织和表达能力，用日常积累的方式提高口语表达能力。教师

要对写话作品进行多元评价，才能让学生走上更自由快乐的写话之路。

《小学语文新课程标准》针对第一学段（1—2年级）制定的写话目标是："对写话有兴趣，写自己想说的话，写想象中的事物，写出自己对周围事物的认识和感想；在写话中乐于运用阅读和生活中学到的词语。"我认为，在新课标背景下，教师在进行低年级写话教学时应时刻以学生为本，以学生的兴趣为切入点，以课堂教学为主要阵地，以课外生活为辅助平台，用学生喜爱或乐于接受的方式点燃他们想说话、想写话的火花，以"润物细无声"的方式，引导学生逐步从被动的"要我写"转变为主动的"我要写"，培养出写话兴趣，打好作文基础。

**1．充分利用教材**

教材是语文教学的主要课程资源，低年级课文非常贴近学生的生活，字里行间充满着童真童趣，读起来朗朗上口。在教学时，可以引导学生进行仿写、续写，活学活用。此外，课文通常配有插图，可以引导学生细致观察，张开想象的翅膀，自由地表达。例如，一年级上学期，我在讲解完《家》后引导学生进行仿写。虽然当时学生入学才一个多月，但他们已经展现出了非凡的模仿力和想象力。"深深的地下是石油的家""黑色的乌云是闪电的家""远古时期的地球是恐龙的家""小草的叶茎是蜗牛的家"……我将它们记录下来，组成了一首70多句的长诗，每一句诗都代表着一份思考，闪耀着智慧的火花。

**2．巧妙利用绘本**

低年级学生的识字能力毕竟有限，所以阅读作品仍以绘本居多，而绘本最大的好处在于画面的丰富和文字的留白。以《母鸡萝丝去散步》为例，10多页的画面只配了寥寥几十个文字。于是，我引导学生们观察图片、发挥想象，看他们是否能创编出更加生动有趣的故事。没想到只是稍加引导，学生们的想象力就像开了闸的水，一发而不可收了。有的学生把图中每个小动物的神情状态描述得栩栩如生；有的学生则把每个小动物的叫声模仿得惟妙惟肖；有的学生恰到好处地运用了成语；有的学生则干脆颠覆了原有的情节，把“傻人有傻福”的母鸡萝丝演绎成了聪明机灵的“喜羊羊”，而狡猾的狐狸则变成了倒霉的“灰太狼”。后来，我把故事插图发给每位家长，请家长聆听孩子们创编的故事，同时将其记录并打印下来，带到学校读给其他同学听，在家里读给亲戚朋友听。这种方式让学生们的创作热情和写话兴趣越来越高，随之发展和提高的还有思维力和创造力。

**3．写绘能让学生更自由地创作**

曾有人问我什么是写绘？从某种角度讲，写绘就是写话和绘画。具体来说，一个完整的写绘作品由三部分组成：

（1）绘画语言。由画面组成，可以是一幅或多幅儿童画。

（2）口头语言。由学生讲述，学生绘画之后要讲述画面内容，可以是一句或几句话，也可以是一个小故事。

（3）书面语言。由和画面有关系的文字组成，起步阶段可由家长代写，主要目的是鼓励学生大胆地说，积极地表达自己的想法。

写绘，不但能开启学生的想象力，培养学生的阅读兴趣和表达能力，而且能让友爱、信任、尊重、勇敢、宽容等品质走进孩子的心灵。本班的写绘活动从一年级上学期就开展了起来，将近一个学年，已完成十多次的写绘任务，如《我的家》《巴巴爸爸的故事》《牙医地嗖头的故事》《春天来了》《燕子妈妈笑了》等。其中，《巴巴爸爸的故事》由学校结集出版。

当然，写绘不同于画画，不能用美术作品的标准评价学生的写绘。写绘更加注重的是学生所要表达的思想，以及在写绘过程中学生想象力的发挥。当学生拿着自己的写绘让家长看时，他一定希望引起家长的兴趣，给他们讲讲自己的画。因此，当家长看到画时，一定要抑制住“这是我吗？怎么这么难看”的抱怨，而要尝试着说“这是谁呢？怎么这么有意思？”等鼓励的话语，这样才能进一步激发学生的写绘热情和表达欲望。记得写绘《我的家》时，学生们正在画画，我走到一个学生面前，说：“咦？你画中爸爸的头上怎么有座山呢?”他笑了，说：“这不是山，这是王冠。”说这话时把“王冠”二字咬得特别重，似乎在有意突出自己的“成就”。当我说“真有创意”时，这个学生美得不得了，头也不抬，继续专心致志地画画。可以想象，他一定会更加用心地思考和设计。

**4．儿童大讲堂，让学生自己当讲师**

别看一年级的小不点不过六七岁，可个个身怀绝技。有的已是围棋高手，有的对恐龙颇有研究，有的精于枪械知识，有的酷爱飞机，有的是小小动植物学家……虽然学生们的兴趣爱好和特长各不相同，但他们都希望能和大家分享这些知识和乐趣。于是我每周都会拿出一节语文课来作“儿童大讲堂”，请小讲师们给大家上课。要想站好讲台，小讲师们必须要进行精心的准备，这不仅包括内容的设计，更有语言的安排。一学年左右的时间，儿童大讲堂已累计开讲十余次，内容五花八门，每次讲座40分钟，小讲师们的嘴巴“嘚嘚嘚”的就没停过。当过小讲师的学生们，其语言的组织和表达能力进步很快。

**5．日常积累，积极进行口语表达**

叶圣陶先生说过：“写，不过是用笔在纸上说自己的话。”说是基础，写是延伸。相对于书面表达能力，低年级学生的口语表达能力通常要强一些，因此低年级的写话能力培养应从口语表达开始，在学生能说、会说、愿意说的基础上，逐渐付诸笔端。需要说明的是，不论是组织学生创编绘本故事，还是进行写绘，目前都采用的是口语表达的方式。孩子们尽管天马行空地说，自有我或家长等志愿者进行记录。

生活是创作的源泉。平时，我会安排学生每周写一篇自由周记，不拘字数，不限内容。每个人的生活经历和感受都是不同的，要随时注意生活积累，随时记录所见所闻。一方面，要培养学生勤于动笔、乐于表达的好习惯；另一方面，也要鼓励学生大胆表达自己的真情实感，让写话充满生活的气息，表现学生率真的天性。

同样，周记也是由学生口述、家长记录，再由学生抄写在田字格本上。

抄写的主要目的是练习写字，只要书写整洁、标点正确、字体美观、无错别字就达到要求了。

**6．多元评价，保卫童心，让学生更快乐地写话**

新课标指出："实施评价，应注意教师的评价，学生的自我评价与学生间互相评价相结合。加强学生的自我评价和相互评价，还应该让学生家长积极参与评价活动。"我在这方面开展了以下几项工作，以期更客观地评价每个学生，鼓励学生更快乐地投入写话。

（1）使用情感符号，直接与学生心灵沟通。

低年级学生识字量有限，喜欢直观形象的图片（如小红花、奖章、红星、笑脸等），注重老师对自己的评价。因此，为保卫童心，我从来不在可能需要长期保存的作业本或试卷上打叉，只使用圆圈圈出错别字，用问号标志不通顺的语句，只要是正确或内容有趣的语句都会用波浪线和红星标记。学生们似乎天生就知道波浪线和红星是表示好的意思，他们会相互数波浪线和红星的个数，然后暗暗下决心要超过对方。这种可爱的好胜心让学生愿意模仿好的语句，不断地要求进步。

（2）因人而异，因材施教，注意每个学生的进步。

写话最能体现出学生的个性差异。由于生活经历、知识水平和写作能力的差异，每个学生的写话都有独特的个性。评价写话时一定要注意每个学生的实际情况，针对不同层次的学生提出不同的要求，作出不同的评价。对于优秀的文章，要让小作者在班上朗读，并积极投稿到校报，现在，学校每期的校报上都有文章出自本班。而对于相比之前有进步的文章，也要及时地肯定和赞赏。事实上，我对学困生会更"偏心"，会给他们多一些肯定，多一些赞美，多一些鼓励，让他们也能沐浴阳光雨露。

（3）利用公共平台，让家长和学生互相欣赏、互相评价。

从一年级开始，我就使用"希望谷"网站作为班级交流的公共平台，学生的每篇写话（包括周记和写绘）都会上传到"希望谷"的"班级博客"中，供全体学生和家长赏析。家长们也积极参与，他们会和孩子分享这些文章，并发表评论。有时，针对一篇文章的评论能有10多条。我也会对每一篇写话进行有针对性的评价，让学生能感受到老师的真诚。学生们看到自己的写话能得到这么多的反馈，自然是乐不可支，更加愿意继续写话，继续得到评价。

每学期结束之前，我都会组织家长将孩子的周记编辑成册，一方面便于他们相互欣赏，另一方面也可作为他们写话成长过程的见证。

低年级写话是作文教学的基础，写话能力不是一蹴而就的，需要学生经过长时间的训练和培养。作为一名从事低年级语文教学工作的教师，我探索出培养学生写话能力的几种模式，并探索出对写话进行多元评价的方法，希望学生不再视写话和写作为难事，从被动的“要我写”逐步转变为主动的“我要写”，使他们更自由、更快乐地表达心声。

## 三、“读写绘”替代“抄写背”——低年级学生的阅读写作

兴趣是最好的老师，如何让孩子爱上阅读和看图写话，如何让孩子对阅读和表达产生浓厚的兴趣呢？老师引入大量的绘本读物，开展师生共读绘本活动。在阅读过程中围绕一个个生动的小故事作“大文章”，可以结合情境展开想象，练习说话，可以结合人物特点续编故事，可以结合图片进行“第二次”创作，在这个过程中激发阅读兴趣，培养孩子的表达能力。

低年级不留书面作业。这是有关“减负”规定提出的明确而硬性的要求。

孩子放学早，回家之后只是一个劲儿地玩，这能行吗？家长质疑。还有的家长“暗箱操作”，自己给孩子买练习册、报课外辅导班，所以孩子们依旧没有“减”下来。

我作为一位工作二十余年的老师，真的要放弃“作业”？完全彻底放

弃，心里也有点不踏实。于是我把市、区、校方的文件和措施等等拿出来认真研读，归根结底，减负是减轻孩子的过重负担，是对以往繁杂的“抄抄写写、读读背背”加以限制，并不是让孩子成为没事儿人。有取消就该有替代，关键是不能成为孩子的“负担”。我让“读写绘”替代“抄写背”，引领孩子过好没有书面作业的课余生活。

**1．师生共读绘本，引发阅读热情**

师生共读，不是教师读学生听，而是教师在一步步引导学生阅读。比如，在阅读中结合情境提问，引导学生想象下一个环节，猜猜情境中人物的语言等，通过这样的方式让学生参与阅读。每次阅读，都不是简单的一读而已。有时候要进行情境现场表演，有时候提出问题让大家集思广益，有时候是说说听完这个故事后的感受，还有的时候是创编新故事，总之，不一而同。集体阅读就要突出集体的作用，你有一个思想，我有一个思想，经过交流，每人都会有两个思想。而班级中有这么多学生，彼此交流，自己提升能力，其他同学也跟着受益。

基于这样的想法，每次阅读时，我都会设计一些孩子们感兴趣的话题，并以此话题为“导火索”，点燃孩子们思维的火花，让他们逐渐感受到思考和创作的欢乐。例如，阅读绘本《蚯蚓日记》，画面丰满而且富有情趣，文字较少，我充分利用画面让孩子进行猜想：蚯蚓在干什么？蚯蚓会发生什么事情？让同学们大胆地表述自己的猜测，当我把答案告诉他们时，猜对的孩子会高兴地跳起来，体验到成功的喜悦；没猜对的同学也期待着再有这样的机会，在以后的听读中更加专注。这样，同学们的阅读热情就会被激发、被点燃，如果这个故事当天没读完，次日学生会催着老师再读，还有的同学在学校阅读后，让家长在网上订购绘本读。

**2．师生共读绘本，围绕小故事作“大文章”**

语文课去除繁琐的阅读分析，省下一部分时间可以阅读儿童绘本故事。在阅读活动中，教师是组织者和引导者，组织阅读，引导观察思考。例如，绘本《母鸡萝丝去散步》，呈现在画面上的是母鸡萝丝平淡无奇的散步过程，文字简单，内容浅显。如果引导学生细致观察思考，就会发现隐藏在图画背后的是狐狸想抓萝丝，却一直遭遇倒霉的一个个惹人发笑的故事情节。教师借助这样的情节，培养学生的想象力和口语表达能力。于是，在班级中开展了一次《母鸡萝丝去散步》看图讲故事活动。

这个故事非常简短，从头至尾不过几十个字，如此简单的文字让孩子们觉得太容易，因此我们决定自己创编绘本故事，让故事变得生动、丰富、有趣起来。于是我引导孩子们观察图片、联想天气、想象人物语言，这一“石”还真的激起了千层浪，并且是浪花朵朵。孩子们一幅图、一幅图地创编，我让语言和思考都非常出色的孩子把名字写到黑板上。王紫麒的名字最先写上去，她的脸上洋溢着兴奋和骄傲。这也大大激发了更多孩子的兴趣，丁瑞阳、张昕冉、张嘉迅、王浚伊、郭文韬、赵紫珊、唐楚沣、黎瀚泽、刘子涵等同学的名字陆陆续续写到了黑板上，故事也越创作越精彩。王浚伊、唐楚沣、赵紫珊能将每一幅图，每个小动物的神态、语言、状态都表达得形象生动；浚伊把每个小动物的叫声表达得活灵活现；紫珊脑子里有数不清的成语，每一次运用都是恰到好处；楚沣呢，他那句“哎呀妈呀”逗得我都笑得直不起腰来，一句“面粉全洒在狐狸身上，狐狸顿时变成了一个雪人”是多么栩栩如生啊！李江浩一边听一边笑，别人都蹦着跳着抢着说，他只管听着笑着。我指定下一个发言人是李江浩，也告诉孩子们不举手也可能被点名。江浩的发言一定会有精彩呈现，他却常常总想着把机会让给别人。现在被老师点名发言，不说不行了。不出我所料，这孩子果然出语不凡，特别是他将图中的“一辆小推车”用上了，我大加表扬，其他同学都在图中的动物身上做文章，而江浩这个创意与众不同，对大家来说是一种很好的启示和借鉴。

听着一个个精彩纷呈的发言，我感受到改变教育方式带来的神奇效果，充满魅力的课堂能创造出一个个小神童，我和学生都无比快乐！很遗憾中午的阅读时间短，只有十几分钟，还有几幅图没有编完，孩子们不愿意停下来，许多孩子因为没轮上表达而唉声叹气、垂头丧气呢！

让学生把母鸡萝丝去散步的惊险经历讲出来，这对学生来说是兴致勃勃想去做的事情，在学校讲，回家给家长讲，一遍一遍不厌其烦。教室里有多少个同学，就会有多少个版本的《母鸡萝丝去散步》的故事，人人都是参与者、创造者。利用这个小故事，成就了教育的“大文章”。

**3．师生共读绘本，围绕绘本进行“二次”创作**

在绘本阅读时，学生常被绘本中一幅幅漂亮有趣的图画、一个个动听的故事深深吸引，激发了自己动手尝试制作绘本的欲望。于是，在学生对绘本阅读活动有了一定的兴趣和认识，对绘本的结构与功能有了充分的感知和了解时，就可以适时引导和帮助孩子结合自己的生活经验，通过自己的想象、构思去选择自己喜欢的内容，选择喜欢的方式创作属于自己的绘本，将自己心中最真、最美的童话般的故事自制成一本本小书，体验二次创作的快乐。我们阅读《老鼠牙医地嗖头》之后，借助文中的人物，展开二次创作，孩子们的很多奇思妙想，老师和家长读后都很吃惊。我由衷地感到孩子的成长不能靠简单的灌输，而是要激励、鼓舞和唤醒。

现在，“抄写背”的作业被我们废弃了，取而代之的是进行适合孩子年龄特点的绘本阅读和写绘活动。不断地阅读、积累、创作后，我们在一年级就有了属于自己的作品集《美好的巴巴爸爸》《老鼠牙医地嗖头》之后来、《母鸡萝丝去散步》之历险记等，“读写绘”让童年快乐、丰盈、美好。

## 四、以读为基，建构写作之塔

我的语文课进行了大胆尝试，去除串讲串读串问，去除繁琐的理解分析，而是以读为基，建写作之塔。语文教学中的阅读不同于生活中的阅读，在语文课堂里，阅读是提高理解能力、言语表现力、写作能力的手段与过程。

中国写作协会副会长潘新和教授说过，读“完”(也就是读“懂”)一篇文章，阅读教学只完成了一半，另一半更重要，这就是让学生学以致用，就是要让学生把从读中学到的用在文章写作中，让他们把对文本的理解、感想说出来，或者写出来。这才能算是真正完成了阅读教学的一个完整过程。暑假中，我通过阅读潘教授的书，结合自己的思考，在班级的语文教学中进行了一些尝试和实践。

**1．有色彩的美好日子——来自色彩单元教学的写作**

在我们“向日葵班”，42朵“小葵花”和我这朵“大葵花”生活在葵园里，每天都有新奇有趣的故事，当然了，也有“小葵花”被风吹雨打哭鼻子的时候，就连哭鼻子的场景我也让同学们想出适宜的成语，如“声泪俱下”“痛哭流涕”“悲痛欲绝”等等。

这一周，大小“葵花”共同走进语文“色彩”单元。第一首诗《爱什么颜色》以简练的语句、相同的结构勾勒出了三幅色彩绚丽的画面，通过这样的画面抒发了作者对生活的热爱、对理想的追求，也激发了“小葵花们”的创作欲望。于是，学习课文之后，我就鼓励同学们大显身手，介绍自己喜欢的颜色，创作形式自己作主，诗歌、童话、散文都可以。这次写作使用作文稿纸，每页400字。我建议同学们向400字挑战，当然，诗歌不以字数计，以行数论。“好好好，我就写诗歌。”末末插话了，这是个极为聪明并且“吝惜”笔墨的小家伙。次日，收上来同学们的第一次创作，我笑得格外灿烂，当然，我总爱自我陶醉，陶醉在孩子的创作之中。选录如下。

### 生活中的颜色

胡心怡

生活中的绿色很有用，因为，红绿灯里有绿色，楼道里的安全出口也是绿色。

绿色也表示心情很好，最满意、最高兴的代表色就是绿色。我想，绿色可以表示世界和平。

在生活中，红、黄、蓝的作用可不能小看哦！

红色代表喜庆，过新年，对联、爆竹都是红色的。我们的国旗也是红的。

黄色也有很大的作用，比如：黄色可以让人引起注意等。

蓝色表示天气很好和下雨等。

这三种颜色综合起来对画画很有帮助，因为各种颜色都能用红、黄、蓝调出来。

白色是最有用的了，在马路上，有黑白相间的斑马线、分界线等等。

在学习上，白色也很有用。比如，纸是白色的，我的书皮，也是白色的。

还有，我们吃的米饭不也是白色的吗？

当然，彩色更有用了，生活中，有好多东西是彩色的，如水彩笔、彩虹、鲜花等等。

其实，世界是彩色的，每种颜色都有自己的作用。希望大家用心去发现更多的颜色。

## 颜色的作用

潘睿章

我只要看到黄色，就会想起干爹送给我的黄棉袄。虽然我那个时候还很小，但是我到现在还是记忆犹新。当年我才6岁，因为干爹是我爸爸很好很好的朋友，所以干爹就送了我一件衣服。

我只要看到红色，就会想起我把我的200元零花钱全都送给妈妈的事。因为那天正好是母亲节（也许是妇女节），下午，妈妈发现她的车被贴条了，于是我跟妈妈说："您就别交钱了，我替您交。"所以，我就把我的200元零花钱给妈妈了。

我要是看到蓝色，就会想起妈妈送给我的爱心形状的八音盒。因为，那天的前两个星期我住在大姑家。为什么呢？因为妈妈要外出学习21天，所以我才要住在大姑家。后来我从大姑家回自己家的时候，妈妈送了我一个小八音盒，我特别开心。不过，我还是特别想家。

我只要看到晚上天空中的黑色，就会想起妈妈买给我的一把又能射水弹，又带吸盘的黑色的软弹枪，它要50元。但是，回家后，我又把我的50元还给妈妈了，因为我说过回家后要把钱还给妈妈。所以，这个玩具还是我给的钱。但是，我还是要谢谢妈妈。因为如果妈妈不让买的话，我就不能买呀。

## 夏天的颜色

丁自远

夏天要跟我们挥手告别了，你还记得夏天的颜色吗？夏天是多彩的。

夏天是蓝色的。广袤的大海是那样的碧蓝，像一匹闪亮的蓝锦缎。深深的大海多么明媚，到处都闪着快乐的光辉。蓝色，是大海喜欢的衣裳，请还给大海一件宝石般的新衣吧。一望无际的天空，像一匹闪亮的蓝丝绒。广阔的天空多么明朗。听，小鸟在欢快地歌唱。看，白云像棉花糖一样在天空中游荡。蓝色，是天空喜欢的衣裳，请还给天空一件一尘不染的新衣吧。

夏天是绿色的。挺拔的古松是墨绿色的；碧绿的爬山虎像青纱披在篱笆墙上；黄杨是淡绿色的；嫩绿的小草点缀着大地。

夏天是花的世界。粉红色的荷花仙子在池塘里翩翩起舞；金色的向日葵像绅士一样等候太阳的到来；火红的玫瑰就像高傲的公主，展示自己的美貌；淡紫色的牵牛花吹着喇叭，好像在招蜂引蝶。

夏天是五彩缤纷的，夏天是艳丽的。让我们把美好的时光留在记忆里吧。

## 爱什么颜色

末　末

我爱金黄的颜色，
因为——
太阳是金黄的，
秋天是金黄的，
就连我的班花
向日葵
也是金黄的。

我爱雪白的颜色，
因为——
连绵不断的雪山是雪白的，
结实的白墙是雪白的，
就连我写字、画画的纸
也是雪白的。

我爱墨绿的颜色，
因为——
玉是墨绿的，
芦苇是墨绿的，
就连我们的黑板
也是墨绿的。

末末的诗似乎还没写完，可能觉得自己的“诗”细胞用得差不多了，就此搁笔。我总是很喜欢同学们的创作，哪怕是没写完的半成品。

第一次习作开了个好头，我们一起为葵园里的大小“葵花”喝彩加油吧！

**2．后来呢？——课文激发想象力的创作**

课堂上，我由身边的学生说起，引出《意大利的爱国少年》。

先隆重地向同学们介绍班级里的爱国少年赵亮，引出课文：有一天，赵亮手捏一枚一分钱硬币交给老师，告诉老师这枚硬币被捡到的时候脏极了，已经刷洗了很长时间，还有些污渍洗不掉，但是国徽处已经被清洗干净了。我接过这枚硬币，《国徽》这首诗歌的内容又一次浮现在眼前，我知道，赵亮同学的心里闪着国徽的光芒，这是一个爱国的好少年！接下来将要认识一位意大利的爱国少年，请同学们打开书，朗读《意大利的爱国少年》。

《意大利的爱国少年》介绍了一位11岁的热那亚少年，他被拐卖到马戏班，戏班里的人打他、骂他、欺负他，让他干重活还不让吃饱饭。后来他终于有机会乘船踏上回家的路。船上的人同情他，乘着酒兴扔给他一些钱，他低下头弯腰捡起来，他太需要钱了。而当那些人看不起并侮辱他的祖国意大利时，他拉开帘子扔出这些钱，大义凛然地说："你们侮辱我的祖国，我不要你们的钱。"故事到此戛然而止，一个意大利的爱国少年好像就在孩子们中间了。不知谁问了句："后来呢？""是啊，后来呢？你们想象一下，写一写这个爱国少年的后来。"我自然而然地将话题转入了本次习作。

以下文章是孩子们发挥想象力续写的故事。

## 《意大利的爱国少年》续

和法忻

这时，有个法国人说："看你那么可怜，为什么不要我们的钱呢？"少年又说："那些钱对于我来说很重要，可是对于我的祖国来说，一文不值！别以为那点钱就可以让我出卖我的祖国！"

可是，有个西班牙人还打了那个少年一巴掌，虽然少年很疼，但他还是说："打吧，要打你就打吧，和刚才一样，我是不会出卖我的祖国的！"少年又说："就算死，我也不会说我的祖国一句脏话，出卖我的祖国的！"刚才那个西班牙人说："你不是说死也可以吗？那我就让你尝尝死的滋味！"说着就一个箭步上前准备揍那个少年一顿。

他正准备上前揍那个少年时，另外一个英国人酒醒了，上前和西班牙人说："也许我们有的不如那个少年，你想想：他一直说不会出卖意大利，你刚才打他的时候他就没有出卖意大利，你再想想，我们都这么大了，为什么还要欺负那么小的少年呢？难道你不惭愧吗？而且你这样打人又有什么意义呢？就算你出了气又能怎样呢？而且他爱国也是对的，你又凭什么打他呢？"

那个西班牙人低下了头，向少年道歉，少年看他是真心的，便原谅了他。西班牙人还说："我以后再也不打人了，我要做个善良的好人！"

## 《意大利的爱国少年》续

李江浩

那些人似乎被少年刚才的那一举动吓了一跳，过了半天才缓过神来，奇怪地问：“我们好心帮助你，你为什么把钱又扔回来了呢?”

少年回答道：“你们这个问题算是问对了，你们就算是给我一千、一万块钱，我也不会让你们侮辱我的祖国的！而且，你们觉得祖国的尊严和荣誉是能用钱买得来的吗?!”

那些人听了少年的话羞红了脸，他们想对少年说声“对不起”，可嘴里就像堵着一块石头，怎么也说不出话，他们现在也觉得刚才说那样的话实在有点不应该。

少年继续说：“就算是世界上最富有的人，不管用多少钱也不能侮辱别人的祖国，况且你们应该也不希望别人侮辱自己的祖国吧？如果不希望，那么‘己所不欲，勿施于人’。如果你们不想让别人侮辱你的祖国，就请不要侮辱别人的祖国!”现在，那些人的脸更红了，旁边的乘客纷纷鼓起掌来。

时间一天一天地过去了，热那亚少年长大了，他当上了政府官员，专门为大家治理这些侮辱祖国的不法分子们。有一次，他去开记者招待会，他在会上说的第一句话就是：“如果有人侮辱你的祖国，你可以理直气壮地质问他：‘你为什么侮辱我的祖国?’并给予这些人有力的回击!”

现在，他已经治理和惩罚了上百名不法分子，成为意大利人爱戴的官员。

42个同学就有42种“后来”，各自都有各自的特点和精彩。就这样，孩子们在不知不觉中很好地完成了一次习作任务。

### 3. 为祖国妈妈献礼——引导学生国庆抒怀

“孩子们，我们期待的国庆七天小长假就要来临了，可是你们想过没有，为什么这个假期会是七天呢？这七天人们都会做些什么呢?”我在放假之前的一个中午和大家聊起这个话题。

一石激起千层浪，教室里顿时热闹起来，很多同学都兴奋地告诉大家假期要去哪里玩儿，还有的说早已定好了火车票、飞机票。聊够了，回过神来，开始想老师问的问题。有同学说是因为国庆节才放七天假，马上有同学补充，国庆节是祖国妈妈的生日，全国人民要祝贺祖国妈妈的生日。还有一位同学特别提醒这是新中国成立的第65年，也是中华人民共和国的65岁生日。听了这么多介绍，瀚泽高高举着小手，很着急的样子。我示意瀚泽发言，瀚泽激动地说："我还知道有个规律，五年一小庆，十年一大庆，今年是第65年，国家也要好好庆祝一下。"我笑了，点头表示赞同，并接着这个话题继续问："在祖国妈妈生日之际，我们送上什么礼物呢？""我知道，好好学习，长大了保卫祖国。"丁自远讲话一向急，在座位上就脱口而出。"这算什么礼物呢？"一位同学自言自语地嘀咕着。"可以写首小诗表达祝福吗？"婳婳很小的声音说，还是被我听到了，我连连夸这个主意好。于是，在"向日葵班"开展了一次以诗歌的形式向祖国妈妈献礼活动。

"诗歌可以仿写，当然最提倡的是自己创造。如果写诗歌实在有困难，还可以查资料，制作一张热爱祖国的手抄报。"不等我话音落下，就有同学跃跃欲试。我们班每天晨诵诗歌，已经有两年的时间了，有了这两年的积累，孩子们会有怎样的精彩呈现呢？

相信岁月，相信种子。我们来看看孩子们的作品吧：

### 献给祖国

李江浩

祖国啊祖国，
您走过了不平凡的65年，
从贫穷落后的土地到繁荣富强的国家，
您经历了风风雨雨，
让我们过上了幸福的日子。

65年来，
您发生了翻天覆地的变化，
您的科技水平越来越发达，

您让我们的生活更加美好，
您已变成了受人尊敬的国家。
现在，您正意气风发，迈向新的征程。

在这个特殊的日子里，
我深深地祝福您：生日快乐！

## 感谢祖国妈妈为我们做的一切

张嘉迅

感谢祖国妈妈为我们做的一切。
因为——
我的语文老师
是祖国妈妈培养出来的；
我的数学老师
是祖国妈妈培养出来的；
还有那些中国的科学家们
也是祖国妈妈培养出来的。

感谢祖国妈妈为我们做的一切。
因为——
繁茂的大树
是祖国妈妈培育出来的；
可爱的小草
是祖国妈妈培育出来的；
还有那些美丽的鲜花
也是祖国妈妈培育出来的。

感谢祖国妈妈为我们做的一切。
因为——
火药
是祖国妈妈发明出来的；

指南针
是祖国妈妈发明出来的；
还有造纸术
也是祖国妈妈发明出来的。

感谢祖国妈妈为我们做的一切。

### 祖国在哪里

庄子悦

水稻在农田里，
农田在篱笆里，
篱笆在惠安里，
惠安在福建里，
福建在祖国里，
祖国在世界里，
就这样，就这样，
献给祖国妈妈的诗歌，
在子悦的小小笔尖里。

一首一首的小诗表达着孩子们的真情实感，诗歌的周围画有精美的插图，可以说这是一次很有意义、很有意思的诗歌写绘活动。

**4．写给“大海”——每个孩子心中都有诗情**

葵园的孩子们写诗热情特别高，最初是仿写，仿着仿着就有了自己的想法，于是，就自己创作。这学期，我又有个新举措，让同学们用诗歌的形式表达自己阅读文章的收获和感受，想不到孩子们真有本领，想写给谁就能写给谁。在学习《奇妙的海底世界》这一单元时，同学们纷纷写给大海：

## 提　问

王浚伊

大海，
我向你提问：
你的肚子里有多少条鱼？
会不会比一个谷歌（google）还多？

大海，
我向你提问：
你的面积有多大？
是不是比一千万平方米还多？

大海，
我向你提问：
你到底藏了多少宝物？
会不会比一万英镑还多？

啊——
大海，
你的秘密太多了。

## 大　海

潘睿章

大海真大呀，
在地球仪上，
很多地方都是海洋，
如印度洋、太平洋、大西洋……

大海里的动物真多呀，

在动物中，
鱼是最常见的，
如小丑鱼、金枪鱼、鲤鱼……

大海里的生物真多呀，
在海底，
很多都很神奇，
如珊瑚、海葵……

大海是神秘的，
在大海当中，
有很多连大人都不知道的东西，
还等着我们去破解。

## 大　海

李江浩

你是我的大呀，大大海，
怎么爱你都不嫌多。
一望无际的蓝色是你的标志，
照亮我对你的喜爱，爱爱爱。

你是我的大呀，大大海，
怎么爱你都不嫌多。
无数的小生命是你的标志，
游出我对你的喜爱，爱爱爱。

你是我的大呀，大大海，
怎么爱你都不嫌多。
那么多人从你身上走过是你的骄傲，
点燃我对你的喜爱，爱爱爱。

每一首小诗都很有趣，李江浩同学的诗歌最惹人喜爱，同学们自主自发地用他的歌词代替很流行的《小苹果》的歌词，教室里有歌声和笑声，谁能说这样的日子不幸福呢？

**5．引导学生讲评作文——让孩子学习鉴赏**

一般的作文讲评课，是结合学生写作文的具体情况讲评，给予一定的方法，教师批改，或让学生进行修改。我们班的作文讲评渐渐变成了文学鉴赏，我们鉴赏的不是名家名品，是葵园里孩子们自己的作品。当被选中成为鉴赏文章时，孩子们那种喜悦之情妙不可言，这样大大增强了学生对作文的兴趣，发自内心地想去写出一篇值得鉴赏的好文章。在鉴赏时，我让大家先自主阅读，或由写文章的同学读给大家听，然后在小组内讨论：这些文章有什么共同的优点？要把优点讲透。同时提出：如果让你修改，你觉得哪个地方还可以怎样写？有了目的要求，同学们读得格外认真，思考也格外细致，每个同学都能参与其中，既受到了启发，又学习了一些方法，同时对文章的作者也是巨大的鼓励和鼓舞。作文讲评变成这样的作文鉴赏，一举多得！

我们在鉴赏文章时，按照一定的思路和步骤进行，并且要做鉴赏笔记。下面是鉴赏笔记思维导图，经过小组成员的集体交流后，板书展示出来。

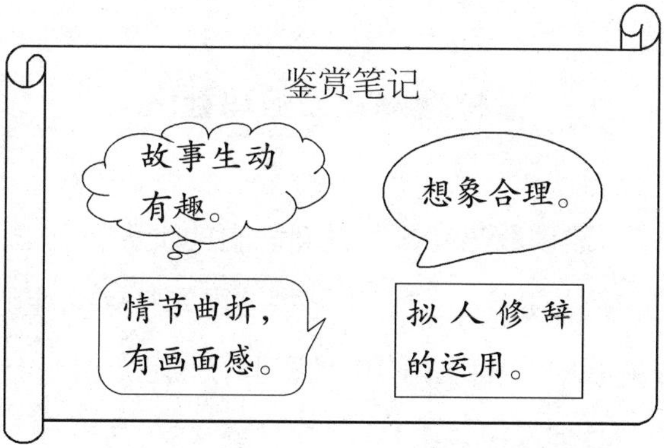


## 思考与建议

1. 立足自己做教学的学科开展研究，不可盲目效仿他人。
2. 及时记录教学案例。
3. 记录应更加关注教学后的遗憾并加以反思。

# 第六章　建设数码社区

## 一、怎样理解建设数码社区

“建设数码社区”是新教育的十大行动之一，是指通过加强学校内外网络资源的整合，建设学习型的网络社区，让师生利用网络进行学习与交流，在实践中培养师生的信息意识与信息应用能力。

具体来说，就是以“教育在线”为平台，以校园网为基础，整合各种网络教育资源——实验学校的、非实验学校的，教育的甚至非教育的，提高学校的教学和管理方式的信息化水平，培养具有强烈的信息意识和信息处理能力的新型教师队伍和学生群体，为师生和学校的数字化生存与发展奠定基础。

多年来，新教育在建设数码社区项目中有以下行动：1. 以“教育在线”为基础，建设适应新教育的数码社区网络核心节点；2. 各实验校完善校园网络软硬件设施，建立服务于数字化学习的具有本校特色的主题网站；3. 加强师生的网络技能培训和增强其信息技术运用的意识；4. 向全体师生开放网络；5. 探索体现新教育理念、基于数码社区环境条件下的课程方案、教学方法或相应的实践个案。

建设数码社区，无疑为学校、教师、学生提供了一个巨大的、开放的平台，大家在这里学习、交流，发展、成长。

## 二、新教育数码社区——我的精神家园

十年前，我来到新教育的数码社区，这里是我的精神家园。

作为一名教师，我也经历了同其他教师相同的欢乐与艰辛。满怀理想和热情地讲课、批改作业，耐心细致地教育学生，加班熬夜是常事，日复一日，年复一年，渐渐地觉得进入了一种无可奈何的循环，渐渐地早生华发。我常常怀念当初的燃情岁月，想要突破自己，想要一个新面貌……我加入新教育实验，成为“新教育教师”。如果有人问起，同样是教师，有什么不同？我还不能高度概括，只想说，参加新教育的这几年，我学习、成长、改变，从面貌到精神，都有着翻天覆地的变化。可以说，这一切都受益于新教育数码社区给我们教师营造的平台。

### 1. 从“盼望退休”变为“祈祷时间驻足”

我从来就不是个懒惰的教师。从参加工作开始，对工作一直是积极热情的，并且努力向上。参加过各级各类的评优课几十节，一等奖的大红证书有很多个，曾被评为区师德标兵、学习型先进个人、北京市“紫禁杯”优秀班主任、先进工作者、金牌教师、优秀教师等荣誉称号。每一张耀眼的红证书背后都浸透着许许多多的汗水，甚至泪水。所有的苦与累只能自己慢慢消化与承受。视力逐年下降，不足四十岁已经是严重的亚健康状态，可是却依然要撑着身体做这做那，于是常常在默想，什么时候才能熬出头呢？有时真盼着退休早点到来。今天回想起来，这是多年的机械性重复形成的迷茫，激情

不再澎拜，翼翅不再张扬。

人生会有许多相遇，也会有许多偶遇，也会有“遭遇”。2006年的一天，我“遭遇”新教育。在北京一所中学的礼堂，我聆听了朱永新老师的一场讲座，结识了新教育。记得最深刻的是朱老师提倡教师要和学生“共读共写共生活”。特别是师生共写随笔，朱老师要为教师投保：如果一个老师每天写1000字，写上10年，一定会成为优秀教师。不知为什么，我感到一种震撼，对朱老师的话深信不疑。如果说每天写1000字我做不到，那500字总可以吧。于是，我开始每天写日记，不论是寻常日子还是大年夜，从不间断。我想，我写上20年，那会是什么状态呢？我对未来充满好奇和希望。我每天写日记的时刻都是宁静的、平和的。“不积小流无以成江海”，我做新教育，从自己的每天500字“小流”开始涉足了。那时，区里有五年级统测，北京市有不定年级的抽测，为了成绩，我不敢花很多时间和学生共读，也不敢搞活动，担心分散学生的精力。2010年，我参加了一次新教育年会，知道了新教育的孩子们赢得的不仅仅是好分数，好分数只是孩子们获得的额外奖赏。我的新教育情结一下子再次被唤起，被点燃，内心开始涌动着无尽的热情和力量，决定全力以赴投入新教育怀抱。我上“教育在线”，向新教育的老师们学习，购买了朱永新老师的著作和榜样教师的书，边阅读边实践，在实践中不断获得从未有过的喜悦。特别是和孩子们一起走进童书世界，《我爸爸》《我妈妈》《犟龟》《巨魔怪》《爷爷一定有办法》等，一本本好书将我们带到了充满欢乐、友爱和温情的世界里，一颗颗美好的种子在我们心灵深处安家，那种美好的感受是获得任何证书都不能比拟的。我开始觉得时间不够用，有太多太多的好书在向我们招手，有太多太多的好活动等待开展，日子像飞翔的小鸟一去不返。这时的我感叹时间都去哪儿了，并祈盼时间老人放慢脚步。我觉得自己被注入了生命活力，步态轻盈，对当下充满热情，对未来充满希望。

**2. 从“某年级某班”变为“向日葵班”**

这么多年来，送走一届又一届学生，班级一贯是以“某年级某班”命名的。成为新教育实验的教师之后，在我们的教室里，往往通过具象化的命名，把程式化的数字符号转化为一种精神意向，赋予教室一种精神力量。于是，我们的教室便开始有了令人喜爱的班名。比如我现在任教的班级——“向日葵班”。作为“向日葵班”的学生，要像向日葵一样阳光、快乐、向上、团结、自信、谦虚……我们要像向日葵一样怀感恩之心，以春华秋实回报大地、阳光、雨露和园丁。我们的班徽设计也是格外用心的，图案中心的向日葵代表班级的每一位同学；向日葵下面是一本打开的书，代表着同学们每天从书中汲取营养，这本书又像是老师的一双手，她辛勤培育祖国花朵，托起民族的未来和希望；向日葵的果实像我们共同生存的地球，它是我们的家园，我们应更好地爱护它。我们有自己的班诗《向日葵·爱》，我们有自己的班歌《向着明亮那方》。就这样，一个温暖而阳光的班名让我们这个班集体非同寻常。

一间有自己独特名字的教室，只是我们新教育教师缔造“完美教室”的开始。我们的愿望是要在这样的教室里“向着世界开出一朵花来”。有愿望有梦想就会有行动，我们在每个学期末都隆重地举行生命庆典活动。为了这个庆典，我们在假期里就做好计划，从学期初就开始一点一点行动起来。每日晨诵、生日赠诗、集体共读、每月一事、每学期一部童话剧等等，点亮了一个个日子，使我们的生活发着光。

**3．从“以教（材）为中心”变为“以学（习）为中心”**

一本教科书穿越一个学期的日子一去不复返了。以前，我们的语文课是以语文教材为中心，备课、讲解、作业、考试，不管是学生还是家长，都觉得语文最易学——拿起来就能读，语文最难学——进步难、作文难。现在我们喜欢读，喜欢写，语文教材只是个引路的标牌，是为我们的学习服务的。

我们新教育的孩子除了读教材外，一个学期能读十几本到几十本书。低年级学生的识字能力有限，阅读作品以绘本居多，而绘本最大的好处在于画面的丰富和文字的留白。我引导学生们观察图片，发挥想象，引导他们在阅读了作品的原意后大胆想象，试着编出更加生动有趣的故事来。令人惊奇的是，我只是稍加引导，学生们的想象力就被激发了。有的学生把图中每个小动物的神情状态描述得栩栩如生，有的学生则把每个小动物的叫声模仿得惟妙惟肖，有的学生恰到好处地运用了成语，有的学生则干脆颠覆了原有的情节发展，自己设置一个故事。从读写绘开始，孩子们海量阅读，读的内容是教材的很多倍，还喜欢写——进行文学创作。他们积累多，写作材料如源头活水，几年下来，我们“向日葵班”的孩子们写了绘本故事、诗歌、小说、散文。总之，对他们来说，“语文”不再是一本教科书、一门学科，“语文”代表了几百本图书、几百篇作品。

除了读和写，我们班的“儿童大讲堂”已经开展了几十讲，六七岁的孩子自己就可以当“小讲师”。

**4．从“学生作业”变为“学生创作”**

新教育倡导师生“过一种幸福完整的教育生活”。我理解的是，要使孩子生活得幸福完整，其实质就是对儿童天性的充分尊重和释放，是对儿童成长客观规律的完美诠释和实践。我带的“向日葵班”，孩子们不用像某些学校的学生那样将大堆的家庭作业带回家。每天，孩子们都是开开心心上学，高高兴兴回家，休息和娱乐时间都有充足的保证，而孩子的学习成绩和全方位的成长也同样让人欣喜。教师节那天，我向同学们“索要”一份非常“昂贵”的礼物——给老师写一首诗。有付出就有收获，才刚刚上三年级十天的孩子们带给我巨大的感动和惊喜。选录如下。

### 献给老师的诗

李江浩

老师就像一位辛勤的园丁，
每天给我们浇水、施肥，
在享受老师给予我们点点滴滴的同时，
老师们还在不辞辛苦地为我们修枝剪叶。

老师就像一本百科书，
当我们遇到问题的时候，
我去问老师，
老师们总会让我得到最满意的解答。

我长大了一定要成为祖国的栋梁，
作为给老师您的回报。

## 写给老师的诗

张嘉迅

老师像太阳
给我们带来光明和温暖
让我们不怕黑暗

老师像蓝天
给我们把雾霾赶走
让我们看清远方和世界

老师像空气
给我们带来凉爽的风
让我们自由地呼吸

老师像海洋
给我们带来风浪的仙境
让我们在里面尽情地游泳

老师像大地
给我们抚育花草树木
让我们在大地上自由地奔跑
老师是我们成长的需要

老师是我们学习的必要
每个孩子的成长都离不开老师的帮助

## 老师，我爱您！

唐楚沣

老师我爱您，
您那双闪着智慧火花的眼睛，
永远，永远
那么明亮。

老师我爱您，
您那有无限脑细胞的大脑，
永远，永远
有出奇多的知识。

老师我爱您，
您那一点儿不怕渴的嘴，
永远，永远
讲述出人生的道理。

老师，我爱您！

## 致万能的老师

赵　亮

我们是地球，老师是五大洲，
为我们添加文化的风采。
我们是大树，老师是树根，
为我们输送成长的营养。
我们是宝箱，老师是宝藏，
为我们积累知识的财富。

我们是书本，老师是钢笔，
为我们记录长大的足迹。
我们是孩子，老师是一面镜子，
为我们纠正不良的陋习。
我们是电话，老师是拨号盘，
为我们连接未来的世界。

**5．从“家长会议”变为“班级新父母学校”**

营造一个美好的生活空间不仅需要爱和付出，还需要智慧和办法。我们知道，如果没有孩子父母的认真配合和良好的家庭教育，班主任、教师的工作就会难上加难。因此，我每学期至少开展两次有主题的“新父母”活动，变家长会为班级的“新父母学校”。当然，教师要赢得孩子父母的支持和配合，首先要让孩子父母看到老师的辛勤付出，看到老师对孩子发自内心的爱。在我们班，每个孩子过生日我都要送给孩子一份珍贵的礼物：一首生日赠诗。从这些洋溢着爱的诗句里可以看出，老师是多么细心观察每个孩子，是多么熟悉每个孩子的特质，总是恰如其分地赞美孩子、鼓励孩子。在此基础上，教师要热情并积极倡导父母和孩子一起阅读、一起记录孩子的成长。通过与孩子一起阅读，一起写读后感，一起记录生活中的趣事，孩子父母逐渐感觉到，共读可以和孩子构筑起一个共享的精神空间。在这个空间里，彼此可以清晰地观照，亲密地交流，相互帮助，共同成长。我们通过“希望谷”的博客，竞选班委，组建俱乐部、儿童大讲堂、家委会、“小豆包”公益活动、“向日葵”基金，通过鼓励父母每学年给孩子们写信，以及许许多多别的办法，编织起了一个温馨的网。在这个网络里，学校、老师、父母、孩子可以彼此看见，相互启迪，相互支援，形成一支温暖而有力量的教育团队。

参加新教育的这几年，我更加忙碌，常常是夜深人静的时候我书桌的灯还亮着。我依然有着做不完的事，与以往不同的是，我一边做一边幸福着、快乐着。借助“建设数码社区”、种子教师的网络平台，我们学校建有自己的网站，我自己也有个人的教育博客，这些都为我提供了一个交流学习的平台。

## 三、班级建设数码社区见行动

### 1．创建班级博客（http://bj.xwg.cc/Blog/）

2012年9月，我们借助“希望谷”公司建成班级博客空间。学校与“希望谷”公司合作，每个班级都有自己的班级园地，每个学生都有自己的个人空间。孩子们把自己的作品上传到班级博客，至今已上传博文5000多篇，老师和同学们可以在这里赏析，评点。

### 2．建立班级微信群

2014年3月，在和法忻妈妈的组织操作下，我们建立了班级微信群。在这里老师或孩子父母可以进行好文推荐，老师写的“每周一文”及家长留言可在这里进行交流分享，同学们将“口头作文”录音上传，假期朗诵录音上传，还可以下发通知。总之，这个平台非常方便家校沟通交流。

### 3．网上阅读交流

2015年9月，学校和“云书写”公司合作，启动网络共读。“云书写”公司的老师们都是引领孩子阅读的专家，对儿童阅读有专业精深的研究。我们年级确定共读书目，每月一本书，每本书交流四次，每次都有确定的交流主题，由专业老师带着同学们阅读，老师带孩子们共读。

## 思考与建议

1. 关于建设数码社区，我的研究和实践尚不充分，还在学习和完善中。
2. 班级阅读微信群利用率是最高的。

# 第七章　推进每月一事

## 一、“每月一事”，培养好习惯

朱永新老师在《新教育》一书中主张：要教给学生一生有用的东西。

什么是学生一生最有用的东西？首先就是良好的品德、良好的习惯。好品德、好习惯如何养成？从幼年开始，从小事做起。从微笑开始，学会友善；从对话开始，学会交往；从走路开始，学会规则；从打球开始，学会健身；从吃饭开始，学会节俭；从演说开始，学会表达……

### 1．为什么提倡“每月一事”

我们都知道，坏毛病易学会，好习惯难养成。心理学家认为，人的习惯养成一般要经过连续21天的重复练习。特别是对于孩子们来说，喜欢变化、追求新奇才是他们的常态，而坚持、重复让他们兴味索然。所以，新教育实验让孩子们在一个月内用坚持、重复练习的方法来培养好习惯，这样就形成了学校的主题月活动。通过不同年级的重复练习、螺旋式上升，经过六年的巩固，是完全可以逐步养成良好的行为习惯的。有实验学校的老师评价说："当我们正在为学生养成教育而'老虎吃天——无从下口'时，认真品味一下新教育的每月一事，我们便不难找到养成教育的切入口。"

**2. 怎样制订"每月一事"**

每学期开学初，班主任召集班干部、队干部和班级家委会代表一起讨论，围绕12个主题，结合班级情况和实际需要确定每月一事的小目标。小目标都是从一件非常具体的小事展开，如"主动捡起路上的垃圾""学做一道菜""让我们去跳绳"等，而每一件事情的背后，是一个重要的主题，如关于礼貌、环保、规则、运动与健康等。随着年级的升高，制订的预期目标也随之螺旋式上升。

吃饭（节俭）（1月）　　玩球（健身）（7月）
走路（规则）（2月）　　问候（交往）（8月）
种树（公益）（3月）　　阅读（求知）（9月）
踏青（自然）（4月）　　家书（感恩）（10月）
扫地（劳动）（5月）　　演说（口才）（11月）
唱歌（艺术）（6月）　　日记（自省）（12月）

**3. 怎样坚持"每月一事"**

"行动就有收获，坚持才有奇迹。"每月一事，贵在坚持。

我们在每月月初提出"每月一事"的内容和要求，提醒学生怎样去重复、坚持做"这一件事"。低年级时，每天在"暮省"的时候让学生说说自己是怎样做的，身边的同学是怎样做的，有哪些值得自己学习的地方，老师及时表扬班级中的小榜样。到了中年级，定期召开班队会，每周总结一次，以此推进每月一事。

推进每月一事的重点是练习、坚持、强化。印度有这样的谚语："播种一种行为，收获一种习惯；播种一种习惯，收获一种性格；播种一种性格，收获一种命运。”行为变成了习惯，习惯养成了性格，性格决定了命运。每月一事有助于学生各种好习惯的养成，班主任要留心观察，及时提醒，定期总结，督导和鼓励并行。

## 二、推行“每月一事”，从班级建设小事入手

作为教师，从开学第一天开始，我们就在思考，怎样让孩子健康快乐地生活，让每一个孩子得到最大限度的发展。发展不仅仅是智力水平，我们更加重视孩子的品德养成，重视行为习惯，把立德树人当作第一要务。“冰冻三尺非一日之寒”，良好习惯养成教育就在于从小事做起，一点一点做起来，一次次重复，一天天积累。如楼道走路靠右行（规则）、主动捡起身边垃圾（公益）、学习叠衣物（劳动）、倾听同学发言（规则）、建立四人合作小组（交往）、不说不学脏话（规则）、保持桌面和桌内卫生（劳动）、制作邀请函请父母参加庆典（感恩）等，这些都是日常生活中的小事情，形成了习惯就是关乎修养、内涵的大品德。

记得有一次放学的时候，我清清楚楚地听见一个男孩子喊“奶奶，我在这儿呢!”听后我特别开心。就在上周，这个男孩子放学时看见奶奶就喊“老奶子！老奶子！”我听到了，把孩子留下，孩子也知道自己没有礼貌，很羞愧。我让孩子向奶奶道歉，并相信他以后不再这样叫奶奶了。孩子低着头，眼睛湿润了。奶奶很理解老师的做法，没有袒护孙子，很支持老师。就这样，孩子知道礼貌很重要，没有礼貌至少是过不了老师这一关的。孩子正在成长，有很强的可塑性，我们希望孩子怎样，就要向着怎样的方向培养。因此，我设计暮省课程的时候，也会围绕“每月一事”进行。

每天的暮省不是说教和批评，我告诉学生最重要的是人人要有一双发现美的眼睛，我们每天发现美、弘扬美、践行美，生活才会越来越美好。

暮省时间只有十分钟，每次请三名同学发言。记得刚开始的一天，许多

同学不知道该怎样表达，没人敢举手，也有的同学没有在这方面进行观察。更多的孩子善于发现别人的缺点和问题，每天向老师打小报告的总是络绎不绝；而问到谁哪方面表现很好时，孩子们犹豫了。经过短暂的思考，林依彤第一个发言，她说去厕所的时候，发现王润也去了，当时王润也急着小便，可是旁边有一位奶奶也在等，王润就先让奶奶去了。老师表扬王润，这样做是先人后己，值得大家学习。第二个发言的是赵紫珊，她发现谢心欣每次去厕所之后都会自觉地把厕所冲干净，如果大家都这么做，厕所就不臭了。老师点评：冲厕所是小事，如果小事做不好，就会影响环境。今天早上升国旗的时候徐主任还强调要养成及时冲厕所的习惯呢！大家要记住并真正做到及时冲厕所！小事能坚持做好就很了不起！第三个发言的是王紫麒，她看到校园大屏幕上表扬我们班三位同学：苏宸辉、丁自远、黎翰泽。学校每天只表扬十名同学，咱们班就有三名，这三名同学为班级争得荣誉，他们的行为很美。紫麒讲得特别好，老师都不用补充说明了。这三名同学发言之后，又有几名同学举手了，可是暮省时间只有十分钟，每次只能请三名同学发言，其他同学可以把自己的发现回家后和家长交流。我们每天都发现美、欣赏美、弘扬美，身边的美就会越来越多的！孩子们就会变得越来越美！

第一次由班长组织暮省，两位班长（陈忱和刘子涵）很用心，很努力，主持词只用周末两天时间就全部背诵下来了。孩子们也很聪明，适时地配合，使整个暮省过程很顺畅。

我们相信，坚持就会有奇迹。只要我们不懈地努力，一点一点地做着，明天就会更好！

**【附】首师大附小一年级（1）班暮省仪式流程**

**开场语**

**刘子涵：**全体起立！稍息！立正！（口号声音响亮）

**陈　忱：**首师大附小一年级（1）班暮省仪式现在开始。

**刘子涵：**首师大附小，我们的骄傲，

**陈　忱：**一年级（1）班，我们的成长乐园，

**集体合**：我们是棒棒的！

我们现在就很棒，

我们还会变更棒！

如果我们变更棒，

生活就会甜如糖！

**刘子涵**：每天迎着晨风想一想，今天我该怎样努力？

**陈　忱**：每天踏着夕阳问一问，今天我又长进了多少？

**刘子涵**：每一个孩子都是一颗闪亮的星星，

**陈　忱**：每一个孩子身上都有耀眼的光亮。

**刘子涵**：每一天都会有美好存在，

**陈　忱**：每个人该有发现美的眼睛。

**刘子涵**：哪位同学愿意走上讲台说说你的发现？

（每天2～5名同学发言，表扬爱护卫生、做好事、帮助人、拾金不昧……两位主持人要在同学发言后进行评价。）

**结束语**

**陈　忱**：见人善，

**同学接**：即思齐；

**陈　忱**：见人恶，

**同学接**：即内省。

**刘子涵**：我相信，明天会更好！

**集体合**：我们都相信，明天会更好！

**陈　忱**：请大家齐呼校训。

**集体合**：求索成习惯，真爱成自然，童心伴每天。

**刘子涵**：一年级（1）班暮省仪式到此结束！

## 三、四年坚持不懈，我们班的48个“每月一事”

我们班推进“每月一事”的行动，月主题的关键词是不变的，变的是学生结合每月一事开展的具体行动，随着年级的升高，难度和范围会适当调整。这个班是我从一年级带到四年级的，每年12个月，四年来就有了班级的48个“每月一事”。

**2012年9月至2013年8月（一年级）：**

（9月）努力做到不剩饭（节俭）

（10月）楼道走路靠右行（规则）

（11月）主动捡起身边垃圾（公益）

（12月）阅读《雪花人》，期待雪花（自然）

（1月）学习叠衣物（劳动）

（2月）每日自己评价自己（自省）

（3月）练习跳短绳（健身）

（4月）到好朋友家玩（交往）

（5月）参加学校合唱节（艺术）

（6月）每天读一首小诗并解释（口才）

（7月）给爸妈讲故事（感恩）

（8月）去一次绘本馆（求知）

**2013年9月至2014年8月（二年级）：**

（9月）没用完的作业本怎么办？（节俭）

（10月）倾听同学发言（规则）

（11月）每天说一句鼓励他人的话（公益）

（12月）坚持长跑（自然）

（1月）学习做小家务（劳动）

（2月）写小日记（自省）

（3月）每天练习仰卧起坐（健身）

（4月）建立四人合作小组（交往）

（5月）学习口琴（艺术）

（6月）口头作文，每天3分钟（口才）

（7月）记住父母的生日（感恩）

（8月）每天阅读30分钟（求知）

**2014年9月至2015年8月（三年级）：**

（9月）努力做到不剩饭（节俭）

（10月）不说不学脏话（规则）

（11月）承担教室里的小岗位（公益）

（12月）观察冬天的动植物（自然）

（1月）承担家里倒垃圾任务（劳动）

（2月）坚持写日记（自省）

（3月）单独骑自行车（健身）

（4月）主动与校园的客人打招呼（交往）

（5月）学习集体舞（艺术）

（6月）我是小演说家（口才）

（7月）吃饭请长辈先入座（感恩）

（8月）阅读桥梁书或经典童话，每天30分钟（求知）

**2015年9月至2016年8月（四年级）：**

（9月）旧衣服可以穿、旧书皮可以用（节俭）

（10月）不给同学取难听的绰号（规则）

（11月）主动承担校园服务岗（公益）

（12月）记录每日天气（自然）

（1月）保持桌面和桌内卫生（劳动）

（2月）坚持写日记（自省）

（3月）学会游泳（健身）

（4月）和友好班级的朋友通信（交往）

（5月）创新作品，参加科技节（艺术）

（6月）每天都积极举手，愿意把自己的想法和大家交流（口才）

（7月）制作邀请函请父母参加庆典（感恩）

（8月）旅游和阅读经典同行，每天30分钟（求知）

## 思考与建议

1．“每月一事”立足于小事，越具体越好。

2．“每月一事”要结合孩子的年龄特点。

3．期末叙事中要有对“每月一事”的叙述总结，对一些优秀同学给予表扬。

# 第八章 缔造完美教室

## 一、创建自己的“完美教室”——“向日葵班”

### 1．深刻领会“完美教室”内涵

新教育实验发起人朱永新教授说：“缔造完美教室”，就是在新教育生命叙事和道德人格发展理论的指导下，利用新教育儿童课程的丰富营养，晨诵，午读，暮省，并以理想课堂的三重境界为所有学科的追求目标，师生共同书写一间教室的成长故事，形成有个性特质的教室文化。

要让教室里的每个孩子穿越课程与岁月，朝向有德性，有情感，有知识，有个性，能审美，在各方面训练有素又和谐发展的生命，而一天天地丰盈着、成长着。创建一间完美教室的根本是为了生命的绽放，让人性充满道德的光辉。在完美教室中，道德人格的养成始终是基础性和关键性的。

具体来说：（1）一间教室，应该有自己鲜明的价值追求，有一种基于生命自由的信仰；（2）一间教室，应该是传统文化习俗与孩子生命天性之间的缓冲带——既是训练场又是庇护所，孩子们既能够体认这些传统又能够有资格对这些传统加以审视与反思；（3）一间教室，应该以民主的方式生成自己的游戏规则；（4）一间教室，应该有自己的道德人格系统，以及相关的一些用来理解人性的理论工具，并引导我们理解整个世界，同时以此指导我们在教室中的共同生活。

在新教育实验学校中，已经有了许多成功的范例。例如江苏海门实验区倪颖娟老师的“阳光天使班”，有属于自己的班徽、班旗、班诗、班歌、班级公约、班级愿景。教室里，贴有新教育研究中心制作的道德人格发展图谱，以及对这个图谱作补充的马斯洛需求层次图。“阳光天使班”缔造完美教室团队的成员一起切磋琢磨：数学老师的“玩转魔世界”课程、“走进数学王国”思维训练课程，英语老师的英语短剧表演课程、英语美文诵读课程，音乐老师的排笛课程，美术老师的泥塑课程，体育老师的易拉罐体操课程，科学老师的气象课程、养蚕课程，都成了把学生带向高境界的班本学科课程。在这些逐渐丰富的课程滋养下，孩子们变得自信、坚强、乐观，努力朝向美好。像这样的完美教室有很多，这些“完美教室”令我向往，我认真学习新教育榜样教师的经验，用以指导自己的行动。

**2. 我们的“完美教室”——“向日葵班”成立啦**

2012 年 10 月，我带领一年级（1）班开始建造自己的“完美教室”——“向日葵班”。

**班名：**“向日葵班”

**班徽：**

**班诗：**

## 向日葵·爱

庄子悦

向日葵爱美德，
美德的光辉在哪儿，
向日葵就朝哪儿挥挥手。
向日葵爱智慧，
智慧的阳光在哪儿，
向日葵就朝哪儿点点头。
向日葵爱真情，
真情的温暖在哪儿，
向日葵就朝哪儿扭扭腰。
向日葵爱团结，
团结的力量在哪儿，
向日葵就朝哪儿微微笑。

**班级公约：**

1. 看到别人有好的表现，要替他高兴。
2. 尊重别人的发言与想法。
3. 自己有好的表现时不要炫耀，输给别人时也不要生气。
4. 用小小的贴心，为别人制造惊喜。
5. 换科目的时候，动作要快，要安静，要守秩序。
6. 认识新朋友后，要记住对方的名字。
7. 无论到哪一个公共场所，都要安安静静。
8. 参观别人的地方，要不吝于赞美。
9. 自己的理想要坚持。
10. 要乐观，要享受人生。

## 二、“向日葵班”班名的由来——全班同学来命名

新教育实验班级，每个班都有一个属于自己的独特名字。为了让同学们有参与感和当家做主的意识，我发扬民主，让每个孩子都为班级取名字。教育贵在参与，参与就要思考、创造，参与就是在为班级奉献智慧。就这样，全班42名同学都为班级起了自己喜欢的名字。我一一列出，由同学们进行提名，被提名的班名写到黑板上，大家开始投票，“向日葵班”获得18票，是第一名，因此成为我们一年级（1）班的班名。

“向日葵班”这个名字的创意者是赵紫珊和她的爸爸妈妈，他们不仅起了班名字，连班徽也设计好了，同学们很喜欢这个班名的原因应该与这个班徽也有关系，班徽设计别致且有内涵。

赵紫珊同学的设计说明如下。

**“向日葵班”设计说明：**我和爸爸妈妈为我们班级起的名字是“向日葵班”。我们觉得向日葵具有追求光明、适应性强的特点。

作为“向日葵班”的同学，应该也和向日葵一样阳光、快乐、向上、团结、自信、谦虚。我们要像向日葵一样怀感恩之心，以春华秋实回报大地、阳光、雨露和园丁的培育。“向日葵班”每一位同学心中的太阳是父母，是老师，是学校，是祖国。

班徽中心的向日葵代表一年级（1）班的每一位同学。

向日葵下面是一本打开的书，代表着同学们每天从书中汲取营养。这本书又像是老师的一双手，她辛勤培育祖国花朵，托起民族的未来和希望。

向日葵的果实像我们共同生存的地球，它是我们的家园，我们应更好地爱护它。

（班徽草图是爸爸妈妈画的，还未涂色；班徽说明是在爸爸妈妈的帮助下完成的）

其他同学和他们的爸爸妈妈同样功不可没，每一个班名都是一份浓浓的对班级的爱，在此珍存！

| 学号 | 姓　名 | 班名及说明 |
| --- | --- | --- |
| 1 | 朱　婳 | **“椰子树班”**。我为什么要给班级起这个名字呢？因为这个名字代表甜丝丝又很棒的一个班级。<br>我们班起了这个名字之后肯定会更棒更好，齐心协力，团结起来。每个人都是一个小椰子，大家一起组成一棵大椰子树。<br>这就是我为什么要给班级起这个名字喽！ |
| 2 | 刘子涵 | 我给咱们一年级（1）班起了个名字，叫作**“爱心班”**。因为我希望我们全班同学都很有爱心，尽全力去帮助需要帮助的人！一个孩子有一颗善良的心，别人才会夸你，你也会感到开心！ |
| 3 | 王楚涵 | 城堡是坚固的代名词。我希望我们的班级像城堡一般坚不可摧，在城堡里，我们团结、友爱、共同进步！所以，我给班级取名叫**“城堡一班”**。 |
| 4 | 谢心欣 | 我认为我们的班级应该叫**“开心班”**，因为我们的班级是最快乐的，快乐就是开心的意思。我希望所有的老师、同学都能够开开心心！ |
| 5 | 周子清 | 我给我们班起的名字叫**“玫瑰班”**。玫瑰花开放后，美丽漂亮、香气扑鼻，我希望我们班42名同学个个像美丽的玫瑰花绽放在我们一年级（1）班的教室里。在郭老师的辛勤浇灌下，我们每个同学都能学习好、身体好，健康快乐地成长。 |

| | | |
|---|---|---|
| 6 | 高静如 | 我觉得我们班的小朋友都像《动物世界》里的小鹰，老师和爸爸妈妈就像喂养我们的老鹰。我们要努力学习、吸收知识的营养，快快长成在蓝天中翱翔的雄鹰。所以，我给我们班取名叫“**雏鹰班**”。 |
| 7 | 王　双 | 我给我们班起了个名字叫“**爱心快乐成长班**”。因为郭老师就像妈妈一样爱护着我们，每天都教我们学好多新知识，不仅教我们课本的知识，还帮我们下载课外的知识，我们有这样的好老师，42名同学都感到非常荣幸，还有这样好的环境、温馨的教室，就让我们每天开开心心地快乐成长吧！ |
| 8 | 赵紫珊 | **“向日葵班”**。我们也应该和向日葵一样阳光、快乐、向上、团结、自信、谦虚。我们要像向日葵一样怀感恩之心，以春华秋实回报大地、阳光、雨露和园丁的培育。“向日葵班”每一位同学心中的太阳是父母，是老师，是学校，是祖国。 |
| 9 | 陈　忱 | 陈忱：我们的学习都很好，叫“学习班”，或者叫“帮助班”？关爱班”？叫“百合花班”吧！<br>妈妈：百合？为什么叫百合呀？<br>陈忱：我希望我们班什么都好呀！其实我们现在就什么都很好，我们就叫“**百合花班**”吧。 |
| 10 | 胡心怡 | 我想给班级取的名字是“**长颈鹿班**”。希望我们班每个同学都站得高看得远，每个人都有远大的志向，我也希望每个同学又聪明又有智慧，学习好，我希望每个女生长得漂亮，男生长得帅气。 |
| 11 | 高羽馨 | **“团结班”**。我们（1）班的同学总是能团结起来，一起学习、一起写字、一起玩耍、一起帮助同学、一起看书，团结就是力量。我们班的同学以后会一直互相帮助，好好团结在一起，让我们的班成为最棒的班，我们班所有的同学都会团结在一起，大家不会分开。 |

| | | |
|---|---|---|
| 12 | 王　润 | “**小蜜蜂班**”。因为我们要学小蜜蜂说话。<br>小组讨论问题时要轻声说话，如果你大声说话，班里就会有人跟着你大声说话，这样，班里就会吵，学习环境就不好了。还因为小蜜蜂是勤劳的动物，我们也要学习小蜜蜂，做勤劳的小学生，好好学习，好好劳动，这样我们的班级就会更棒更干净！ |
| 13 | 季欣雨 | 我给班级起的名字叫“**春苗班**”。我们就像春天的小树苗一样，在老师和爸爸妈妈的关怀下成长，在学校生根、发芽、长大，生机勃勃、欣欣向荣、越长越高，成为明天的有用之人。 |
| 14 | 林依彤 | 我给班级起的名字叫“**雷锋班**”。因为我们班的同学都应该学习雷锋叔叔助人为乐的精神。 |
| 15 | 丁瑞阳 | 我觉得我们班是一个非常美丽的班级，因为我们每名同学都像一朵朵美丽的花，而我们的班级就是一个美丽的花园，班主任老师就是我们辛勤的园丁。我爱我的“**美丽花园班**”。 |
| 16 | 罗语佳 | 我给我们班起名叫“**光彩熠熠班**”，取“熠熠”的谐音代表“一（1）”。<br>光彩：光辉荣耀的意思。熠熠：形容闪光发亮。光彩熠熠：形容光彩闪耀的样子。<br>我们班的每名同学都像星星一样闪闪发光，我们的教室像花园一样五彩缤纷，在学校、教室、课堂上的每一天，我们的精神面貌总是熠熠生辉。<br>“光彩熠熠班”，像闪亮的星星，照亮每一个角落；像美丽的花园，装点我们的世界。 |
| 17 | 张嘉迅 | 我想给我们班级起的名字是“**快乐家庭班**”。因为在班级我们总能感受到家庭的温暖，老师像妈妈一样教我们知识。班级有42名同学，很多同学的家长也总给大家分享小礼物，分享课外读物，还经常帮助我们打扫卫生，家长们也把班级当成了自己的家庭。所以我想给班级起名叫“快乐家庭班”。我每天早晨起床就想快点去班级学习，因为我是家庭的成员呀！ |

| | | |
|---|---|---|
| 18 | 王紫麒 | **“爱·小草班”**。我们原来都是一粒种子，郭老师辛勤地浇灌着我们，我们发芽了，我们长成了绿油油的小草，所以我取名为“小草班”。“爱”表示老师爱我们，我们爱老师，同学之间互相友爱。 |
| 19 | 杨惠然 | 为什么我要给班级起名叫“**国旗班**”呢？因为老师就像国旗上的那颗大五角星，我们就像国旗上的几颗小五角星，我们的班级就像一面国旗，所以我想给班级起名叫“国旗班”。 |
| 20 | 陈思嘉 | 我给我们班起名“**百花园**”。<br>我们班有42名同学，就像42朵花，每个人都是不同种类的花。我们窗台上还有很多植物，它们带给我们美丽。这么多种花一起，当然像个百花园了。<br>老师是辛勤的园丁，给花儿浇水、施肥，让花儿长得更茁壮、更鲜艳。老师爱护花朵，花朵喜欢老师。<br>我们“百花园”是最美丽的班级。 |
| 21 | 王俊骁 | **“花园班”**。每天当我们来到美丽的花园教室，看到每一张可爱的面孔绽放着灿烂的笑容，就仿佛置身在一片美丽的花海中。<br>这里有娇艳多姿的牡丹花、高贵典雅的郁金香、晶莹洁白的玉兰花、端庄秀丽的菊花、争芳斗艳的玫瑰花、温馨浓情的康乃馨，它们姹紫嫣红、亭亭玉立、含苞待放、五彩缤纷、娇艳欲滴、洁白无瑕、绚丽多彩、端庄秀丽、争奇斗艳、芬芳迷人。<br>每天在园丁（老师）的精心照料下，花朵（我们）汲取着知识的营养，沐浴着灿烂的阳光，感受着大地的温情。 |
| 22 | 张昕冉 | **“爱心树班”**。因为星期五朱婳给我们带了一本书叫《爱心树》，书里那个小男孩向树索取了那么多东西，可树还那么关心他，所以我们也要有爱心，要谦让别人、关心别人，让我们班变得更优秀！ |
| 23 | 刘景田 | **“同航班”**。42个童心在这里一起快乐成长，一起享受知识的甘露，一起开始16年的学生生活…… |
| 24 | 刘景天 | “棒棒”像两个“1”，正好和我们一年级（1）班是一个意思。“棒”，是说我们班的同学是最棒的，所以我们班就叫“**棒棒班**”。 |

| | | |
|---|---|---|
| 25 | 崔景颢 | 我给我们一年级（1）班取名叫**“星星班”**。我们42名个学生就是天上的小星星，老师就是天上的月亮。月亮带给星星温暖和关怀，一颗颗小星星围在月亮身边，欢快地蹦蹦跳跳。 |
| 26 | 郭文韬 | 我给班级起的名字是**“童心班”**，姥爷起的名字是“灰太狼班”。我们两个意见不太统一，但我可以保留我的想法，姥爷主要是觉得灰太狼有很多优点，比如坚忍不拔、屡败屡战、爱护家人、具有创新精神等，给老师做个参考，星期二的时候我再说说我的想法。 |
| 27 | 黎瀚泽 | **“大海班”**。我们每天都沉浸在知识的海洋里，老师是我们的船长，我们42名同学是船员，船长带领船员在浩瀚的大海里乘风破浪，勇往直前！ |
| 28 | 刘博修 | **“克难班”**可以让我们战胜学习中的困难，这样，我们就可以像老师一样聪明了；**“创造班”**可以使我们都变成科学家、数学家、物理学家等，可以使我们的祖国更加进步、更加强盛。 |
| 29 | 王浚伊 | **“童趣班”**<br>——我给我的班级起名<br>童子者，人之初也；<br>童心者，心之初也。<br>失童心，即失真心；<br>失真心，即失真人。<br>我们的校训：<br>求索成习惯，<br>真爱成自然，<br>童心伴每天。<br>童趣比童心还要棒，<br>达到童心才能达到童趣，<br>还要保持童心，<br>才能留下童趣。<br>童趣是棒棒的！<br>（王浚伊　2012年11月24日）<br>（作为父亲，看到孩子的这篇作品，尤为欣喜。也以此献给首师大附小，献给宋继东校长，献给郭丽萍老师。　浚伊爸爸） |

| | | |
|---|---|---|
| 30 | 李卓衡 | 我给班级起了个名字叫“**开心一班**”。因为在这个班级里我每天都很开心，我希望能和老师、同学们永远在这里开心地学习、生活。 |
| 31 | 丁自远 | 因为我们是一年级（1）班，班名中的数字全都是一，所以我们就是“**冠军班**”。 |
| 32 | 潘睿章 | 我想给我们班起的名字是“**天天成长班**”。因为我们天天都在成长，天天都能学到新的知识，天天都有变化。 |
| 33 | 庄子悦 | “**蜜蜂班**”。我想给一年级（1）班取名叫“蜜蜂班”。以前，午读的时候，班里就像放鞭炮一样，每个人都在大声地读书，我觉得像在马蜂窝里似的。渐渐地，午读时班里安静些了，我觉得大家像辛勤工作的小蜜蜂一样，在采蜜。但我们采的不是花蜜，而是学分。每当我从郭老师那儿得到一个学分时，我心里特别激动，就像喝了蜜一样甜。<br>有一次，我搬了把小凳子，坐在一株薄荷草旁边，观察一只采蜜的小蜜蜂。我发现，小蜜蜂飞的时候，翅膀是竖起来的，触角是弯的，手里提着一个白色的小蜜桶，里面装着蜂蜜，我看了，都快要流口水了。<br>我希望我们一年级（1）班像蜂房一样干净、整洁。我们像小蜜蜂一样“嗡嗡嗡”地说话，而不是像马蜂一样“嗞—嗞—嗞”地吵闹，而且像蜜蜂一样辛勤工作，这样，每周一升旗的时候，我们就能把流动红旗夺回来了！ |
| 34 | 唐楚沣 | 我给班级起的名字是“**飞机班**”。因为我希望我们班的成绩像飞机一样飞得高，飞得快。妈妈觉得不妥，建议叫“向日葵班”，希望孩子们可以迎着太阳茁壮成长。我想“向日葵班”也很不错。 |

| | | |
|---|---|---|
| 35 | 李江浩 | 我之所以给咱们班起了“**朗朗读书班**”这个名字，是因为咱们班是全校从头数第一个班，我希望咱们班能够成为榜样，带头响应全校“朗朗读书”的号召，让朗朗读书声天天回荡在我们可爱的校园。<br>现在，郭老师每天都带着我们坚持晨诵、午读，大家都大声地读、快乐地读，像放声唱歌一样，唱出我们对知识的渴望。<br>我觉得“朗朗读书”，不仅仅可以提高我们的表达能力，而且“酷爱读书”还能使我们不断增长知识，为今后的学习打下良好基础，而且还能将我们培养成一个道德高尚的人。<br>让我们一年级（1）班同学在朗朗读书声中一起健康快乐地成长吧！ |
| 36 | 钟　辰 | 因为我们全班都笑眯眯的，很可爱，所以我希望我们班叫“**笑脸娃娃班**”。我希望每天看见大家的笑脸，这代表我们大家每天都很开心，也会让别人很幸福。 |
| 37 | 苏宸辉 | 我给班级起的名字叫“**小蜜蜂班**”。希望我们班的小朋友像小蜜蜂一样从早到晚勤劳、团结，有所收获。讨论问题的时候像小蜜蜂一样声音小。 |
| 38 | 崔兰一铭 | 我给我们（1）班起的班名是“**棒棒糖班**”。因为老师给我们读《乐呵呵》的时候，书上提到了棒棒糖。棒棒糖，我们现在就很棒，我们还能变更棒，如果我们做得棒，生活就能甜如糖。老师是糖纸，我们是包在纸里的小糖果，所以我给我们班起名“棒棒糖班”。 |
| 39 | 和法忻 | 我希望我们一年级（1）班叫“**小蜜蜂班**”。因为我们在小组讨论的时候要静悄悄地，要像小蜜蜂“嗡嗡嗡”，不能像小青蛙“呱呱呱”。还有，小蜜蜂很勤劳，每天早早就一起去很认真地采蜜，就像我们班每天认认真真地学习一样。小蜜蜂分工合作很有秩序，就像我们班的班长一样，郭老师就是我们班的蜂王。我们每个人采回来的蜜都先给蜂王吃，也就是说，我们取得的所有的成长和进步，都先和郭老师分享。我们班的口号我都想好了——“我们都是勤劳快乐的小蜜蜂！” |

| | | |
|---|---|---|
| 40 | 赵　亮 | 我希望我们一年级（1）班所有的小朋友在老师的辛勤培育下都充满智慧，并且能够健康快乐地成长，所以我给我们的班级起了一个名字叫“**睿健班**”。 |
| 41 | 王毓鹏 | “**太阳班**”。我们是一群阳光男孩和阳光女孩，每天快乐地学习，快乐地游戏，快乐地成长。 |
| 42 | 贾皓文 | “**彩虹班**”。你们知道我为什么要起“彩虹班”这个名字吗？因为我们班的同学特别会画画，我们班的墙上都贴满了同学们画的画。同学们用手里的画笔画出了彩虹，也就代表了我们班画画很好。 |

## 三、“私人订制”生日赠诗，点亮“向日葵班”的日子

我们的教室，是“向日葵班”阅读的乐园、共写的良田。

在我的书架上，有自己已经出版的书《和学生一起成长》，还有十几本学生写的书。《童心真爱》《红气球飘啊飘》《美好的巴巴爸爸》《笨狼来到首师大附小》等，每一本书都记录着孩子的思考和充满童真童趣的故事。低年级的孩子就能创作，真是令人惊讶。到了三四年级，同学们竟然尝试着自己写小说，人均五千多字，陈思嘉同学写了两万字，学校还把每位同学的小说打印成册，其他班的孩子都很羡慕新教育班级同学取得的成果，许多家长暗暗联系学校希望把自己的孩子转到新教育班级。

更让“向日葵班”孩子感到温馨的是生日赠诗。教室里的生日祝福是新教育实验中的一个特色，它体现的是我们对每一个生命的独一无二的关注。有没有生日蛋糕等物质载体并不重要，重要的是让孩子感受到生命被平等地尊重和接纳，是让孩子借此机会感受到自己的庄严与美好。在生日庆典的许多项目中，生日故事和生日诗是最为新教育化的两种形式。生日故事，就是为孩子量身定做，选择一个和这个孩子的经历或内在秉赋有关联的故事，以他生日的名义，讲给全班孩子听。生日诗，就是教师或者改编晨诵中的某些诗歌，或者自己创作，利用孩子们名字中的含义、经历中的曲折、性格中的

特征，编织出特别的词语，就像蜘蛛夏洛为小猪威尔伯“织字”那样，织下最郑重的期许。

**1．为每个孩子写生日赠诗**（选录部分）

### 一个美好的日子在等着你

——写给张嘉迅

2013年11月26日，
这一天，你没有贪睡，
早早来到学校参加家长会，
在家长会上，
你和朱婳朗诵了一首很美很美的小诗。
那银铃般清脆美好的声音啊，
使我们的心，醉了。

2013年12月4日，
这天晚上，
你没有贪睡，
在宁静的夜晚，
创作出一首《老师的老师》，
你天真美妙的诗句啊，
使老师的老师和全场的所有人，笑了。

2013年12月30日，
这是你和朱婳讲课的日子，
你俩带我们了解《人类的起源》，
而你们讲课的形式生动活泼，
并且有许多充满着智慧的幽默。
我们所有倾听的人，美了。

2014年1月25日，

这更是一个美好的日子。
这一天，
连花儿都露出鲜艳的面孔向日出敬礼，
连树上的松鼠也正欢欣地跳跃。
可能你还不知道哩，
我们大家都为这一天你长大一岁而欣喜！

郭老师祝张嘉迅生日快乐！
2014年1月25日

### 神奇“闹钟”

——写给钟辰

钟辰瘦瘦的，个子不高，
欢蹦乱跳，还有些调皮。
我喜欢叫他“闹闹”，
他给予纠正，
不是“闹闹”是“闹钟”。
“闹钟”还有个妹妹叫“小兔”。

小“闹钟”才上一年级，
对于电脑可以熟练地开关机。
查找文件，复制粘贴，
对他来说都不是难题。
这，是不是很神奇？

我们学习《天鹅、大虾和梭鱼》，
学习后老师说，
再给它们一次机会，
它们会怎样合伙？怎样努力？
小“闹钟”对这个创作很感兴趣，

围绕这个话题，
有几十页上百幅作品，
这些有趣的画面集中在一起，
完全可以构成自己的小书籍。
这，是不是很神奇？

孩子的成长，
离不开老师的帮助和鼓励。
老师表扬丁丁、楚沣、晨辉、江浩，
他们在自主创作中，
语句优美，作品数量也创造奇迹。
“闹钟”兴奋地说：“老师，还有我哩！”
打开他的诗歌本子一看，
果然同一天就有三首诗歌展现。
这，是不是很神奇？

神奇“闹钟”，
在以后的日子里，
还会创造出更出色的神奇！

郭老师祝钟辰生日快乐！
2014年2月10日

## 我不知道

——写给唐楚沣

夜，静悄悄的。
月亮睡了，
星星睡了，
小鸟也睡了吧。
我，醒着。
我在想，明天是楚沣的生日。

有人说，小孩子是精灵。
楚沣是不是呢？
我不知道。
可我知道楚沣是个在一二年级就能写书的孩子，
他写的书啊，
能让远古时代的恐龙死而复生，
各种各样、活灵活现，真是神奇得气象万千！

有人说，小孩子是天使。
楚沣是不是呢？
我不知道。
可我知道楚沣是个心中充满爱的孩子，
他对老师的爱啊，
是那设计新颖别致的“唐黎和”大酒店，
是那巨幅的雄伟的宝塔高高插入云天！

有人说，小孩子是魔术师。
楚沣是不是呢？
我不知道。
可我知道楚沣是个有魔法的孩子，
有一个中午他能变出四首美好的儿童诗，
每个周末都能变出生动有趣的日记若干篇！

夜，静悄悄的。
月亮在梦里笑了，
星星在梦里笑了，
小鸟也在梦里笑了吧。
我，此时此刻也甜甜地笑着。
因为明天，明天是楚沣的生日。

郭老师祝楚沣生日快乐！
2014年2月18日

## 小花朵的梦

——写给刘子涵

七年前的今天，
一颗小星星从天上飞下来，
世界上就有了一个叫刘子涵的小姑娘。

一年前的八月，
一粒小种子从石家庄飞过来，
一年级（1）班就有了一朵叫刘子涵的小花朵。

美丽的子涵啊！
你就是那漂亮的小花朵，
聪明又伶俐，
有爱又有梦。
你的梦，
有无数会唱歌的星星。
你的梦，
由彩虹般的颜色组成。

可爱的子涵啊！
你就是那芬芳的小花朵，
宽容又谦让，
有爱又有梦。
你的梦，
像清晨的露珠一样晶莹。
你的梦，
像迷人的春天蓬勃而生。

郭老师祝子涵生日快乐！

2014年3月7日

## 可爱男孩——瀚泽

——写给黎瀚泽

放寒假了，同学们该是多么快活！
可是瀚泽回老家后，
不小心从楼梯上摔下来，
把头磕破了，
开学后瀚泽头上戴着纱布来上课，
同学们风趣地说黎瀚泽戴头盔来了。
老师看后很心疼，
瀚泽笑呵呵地说："没事儿没事儿，早好了。"

有一天，
我们分享假期中背诵的诗歌，
瀚泽走到我跟前，
兴冲冲地说："老师，我专门为您背诵一首诗歌。"
我听着瀚泽动情地朗诵，
我的心里啊，溢满了幸福和欢乐。
这种发自内心深处的幸福感，
不知还有哪一个职业能获得？

还有一个中午，瀚泽一本正经，
像小和尚一样在教室里静坐，
猛然抬起头来，看见了我，
我非常奇怪，
问瀚泽为什么不吃饭而独自静坐？
瀚泽拍拍屁股若无其事地说："玩呢，玩呢。"
小孩子啊，一举一动看似简单，
却是那样的惹人喜爱，耐人琢磨。

郭老师祝黎瀚泽生日快乐！

2014年3月14日

## 胡子，蝴蝶

——写给胡心怡

有同学叫你胡子，挺可爱的。
在我心里，你更像蝴蝶。

你是一只美丽的小蝴蝶。
你不威武，
甚至，也不绚丽，
但是，你有翅膀，
你有胆量，
你和语佳组合竞选班会主持人，
你俩的表现的确不一般！

你是一只可爱的小蝴蝶。
你不张扬，
甚至，也不爱表现，
但是，你有翅膀，
你有智慧，
语文试卷那些个红红的一百分，
已经让我们知道你潜在的能量！

你是一只伶俐的小蝴蝶。
你不炫耀，
甚至，也不计较，
但是，你有翅膀，
你爱思考，
阅读你创作的儿童诗，
感觉是那样的神奇与美妙！

蝴蝶是会飞的花，

花是不会飞的蝴蝶，
心怡啊，如花如蝶，
总之，不论是胡子还是蝴蝶，都美！

郭老师祝胡心怡生日快乐！
2014年3月14日

## 创造惊喜

——写给王润

有个名叫王润的小姑娘，
漂亮，聪明，伶俐，
她最大的特点是能创造惊喜。

我们背诵《蝴蝶·豌豆花》，
有同学预言，
谁都会选择最短的，
而王润就给了我们一个大大的惊喜，
背诵冰心的长诗《纸船·寄母亲》，
并且是那么动情，那么流利。

我们给同学过生日，
王润先后两次主动担任主持人，
还和同学一起自编、自导小节目，
使生日会格外活泼有趣。
这，对于过生日的同学是多么有意义。

王润写字，
如同手握神笔，
端正，美观，整洁，大气，
无论生字本还是日记本，

每次打开，
都是赏心悦目，心旷神怡。

不论语文，
还是数学、音乐、英语，
各个学科的老师都喜欢王润，
因为这个小姑娘，
经常会给老师们惊喜。

郭老师祝王润生日快乐！
2014年3月21日

## 拥有陈忱，是福气

——写给陈忱

缘分，让我和陈忱在一个班集体，
拥有陈忱，
和陈忱朝夕相处，是福气。

陈忱，是卓越的班主任助理，
上交材料，通知事宜，
只要交给陈忱去办，
陈忱会想方设法办得好好的。

陈忱热心、宽容、大气，
因为自己的事从未告过状，
为了同学们专心学习和安全游戏，
常常让她心急，
从桩桩件件的小事中，
我们都能感受到陈忱爱老师、爱同学、爱集体。

陈忱聪明伶俐有才气，
瞧那一篇篇精美的小日记吧，
表达是那么清晰，那么有条有理。
常常达到三百多字的篇幅，
其实，这一年你才二年级。

我常常和同学聊天，
让他们说说自己最喜欢的女生，
许多人提到了陈忱，老师非常同意，
因为，我亲身体会到了，
拥有陈忱，是福气。

郭老师祝陈忱生日快乐！
2014年3月24日

## 惠然的美需要慢慢发现

——写给杨惠然

升国旗的那一天，
我望见一个站姿特别精神的小女孩，
走近一看，
哇！是惠然！
这个平时小动作有些多的小女孩，
在悄悄发生着改变！
偶然的这么一天，
凭借毅力与努力，
战胜了属于自己的困难！
我知道，只要能用心去改变，
就是不简单！

上社团课的一天，

有个孩子没带橡皮泥急得团团转，
老师，我有！
说这话的，是惠然！
很快地拿出自己的一大盒橡皮泥，
愿意和大家一起玩。
惠然经常问老师，
我的字漂亮吗？
我声音大些了吗？
我和谁比一比站？
透过这些语言，
老师发现一个很有上进心的惠然！

有那么一天，
惠然送我一个自己精心制作的书签，
上面是一幅美丽的图画！
我很感动，
因为惠然从心里理解老师偶尔的威严，
我一次次地默默对自己说，
不急，不急，
再多些耐心帮助惠然，
这是个内秀的孩子，
她的美好需要慢慢挖掘与发现。

郭老师祝杨惠然生日快乐！
2014年3月28日

## 中国好小孩——王楚涵

——写给王楚涵

电视上，
有中国好歌曲，
有中国好声音，

有出彩中国人，
咦？怎么没有中国好小孩呢？
有的，有的，一定有的。
她在我们“向日葵班”，
她是楚涵。

楚涵从一年级开始，
每周去一次书法教室写“毛笔”，
不论那些笔笔画画多么枯燥，
小小的楚涵，
从不厌倦，
并且，坚持写了一年。
现在书法老师太忙了，
取消了中午的书法班，
小小的楚涵，
对这个书法班是那么的不舍与留恋。

楚涵和双双，
是一对亲密的好伙伴。
上课共同学习，
下课合作游戏，
手拉手进进出出，
好朋友之间是多么欢喜。
有了楚涵，双双的日子不会孤单，
遇见楚涵，更多的同学露着笑脸。

楚涵，聪敏，漂亮，善良，
心灵手巧，非常惹人喜欢。
我们的班级有了楚涵，
就像有了个小太阳，
分外明亮，分外温暖。

我们是多么幸福啊！
这个中国好小孩楚涵就在我们身边。

郭老师祝楚涵生日快乐！
2014年3月30日

## 走近科学家

——写给刘博修

博修非常爱思考，
也经常动手做实验，
发现了许多有趣的现象，
也写出了优秀的日记好多篇。

基于这一点，
我想和博修分享名人故事。
阿基米德被称为科学巨人，
他小时候研究问题常常忘了吃饭，
就连在浴盆洗澡，
都能产生“液体静力学”这一发现。
哥白尼是提出“日心说”的勇士，
经常守在窗前对着天空发呆，
他发现所有的天体都围绕太阳运转。
哈维是美国著名的生理学家和医生，
从小就刻苦努力，积极实践，
同学称他为“小解剖家”，
长大后成功揭开了人体血液的秘密，
无数的病人因为他的发现得到康健。
这样的科学家还有很多很多，
希望博修走进《100位名人故事》，
走近这些科学家。

因为郭老师觉得，
在博修身上，
有着这些名人科学家小时候的影子。

博修，加油！
博修是胸怀梦想的孩子，
老师相信你的智慧和力量，
但没有人能随随便便成功，
博修，加油！

郭老师祝刘博修生日快乐！
2014年4月3日

## 静静的夜

——写给赵亮

爷爷睡了，
赵亮还醒着。
他在想，明天是不是有儿童讲堂？
如果有，就带好相机给同学们照相。

爸爸睡了，
赵亮还醒着。
他在想，我明天要把创可贴带上，
如果哪个同学受点小伤，老师能用得上。

妈妈睡了，
赵亮还醒着。
他在想，有一瓶药用酒精我得带到课堂，
大扫除的时候，让同学们把细菌消灭光。

黑仔睡了，
赵亮还醒着。
他在想，我还要问问老师，
班级还有什么事需要我帮忙？
……

我们都爱赵亮！

郭老师祝赵亮生日快乐！
2014年4月18日

## 我喜欢欣欣

——写给季欣雨

我最喜欢春天的欣欣，
常常像刚睡醒的样子，
伸个懒腰，
渐渐就有了精神，
上课听讲，
越来越专心。

我最喜欢夏天的欣欣，
穿着漂亮的花裙，
下课时像欢快的小鸟，
机灵，活泼，
越来越喜人。

我最喜欢秋天的欣欣，
和自己比越来越自信。
敢于大声读书，
勇于表演角色，

合作时能和同学一起议论纷纷。

我最喜欢冬天的欣欣，
穿着厚厚的棉服，
看上去像个可爱的彩色雪人。
尊敬老师，关爱同学，
最可贵的，是你那让人感到温暖的心。

一年四季的每一天，
我们都喜欢欣欣。

郭老师祝季欣雨生日快乐！
2014年4月28日

## 可　可

——写给邵可

可可，是“向日葵班”的一道风景。

课堂上，
不论是老师讲课，
还是同学发言，
可可都能安安静静，侧耳倾听。

创作时，
可可非常爱动脑筋，
每次老师夸他写得好，
可可都会补充一句，还行。

游戏时，
可可爱下象棋，

能够思前想后，排兵布阵，
一招一式，用兵很精。

可可，聪明，友善，谦让，宽容……
可可，我们“向日葵班”的一道亮丽风景。

郭老师祝可可生日快乐！
2014年5月8日

## 愿你像树一样成长

——写给丁自远

女孩子，
像花儿一样美丽，
需要多些呵护。
男孩子，
像白杨树一样茁壮，
可以栉风沐雨。
因此老师希望藤藤像树一样成长。

树的作用，的确不可估量。
防风固沙、净化空气、美化环境，
可以让小鸟在它身上安家，
可以让小朋友在它的树荫下欢快地玩耍……

没有完美的大人，
更没有完美的小孩儿，
当藤藤做错事情的时候，
老师常常批评，
但是，透过你的身影，

老师常常想到的是将来长成参天大树的情景。

加油！藤藤！

郭老师祝自远生日快乐！

2014年5月22日

## 法忻，很富有

——写给和法忻

午饭过后，
常常看到法忻给班级收拾餐具，
常常看到法忻悄悄捡起地上的垃圾，
一个个小小的举动，
让老师感受到了法忻对班级很富有爱意。

测试过后，
常常看到法忻听写本上的100分，
常常看到法忻考试卷上的100分，
一次次喜人的成绩，
让老师感受到了法忻很富有潜力。

创作过后，
常常看到法忻清晰明白的表达，
常常看到法忻与众不同的奇妙想法。
一次次成功的小创作，
让老师感受到了法忻是个富有实力的小家伙。

法忻，从小就很富有，将来更富有！

郭老师祝法忻生日快乐！

2014年5月24日

## 俊骁如花

——写给王俊骁

胖乎乎的俊骁，如花般美丽。
在你身上，
飘散着一种喜人的书香气，
老师和同学都很喜欢你，
我知道，和你最要好的是紫麒。

你俩在一起，
像一对姊妹花，
共同学习、合作游戏，
有了好朋友日子就多了许多欢喜。

人常说，字如其人，
俊骁的字也如花一样亮丽。
在你的日记本上，
留下了一个个愉快的日子，
那一件件小事是多么生动的趣事，
打开你的作业本，
老师的感觉是心旷神怡。

郭老师祝俊骁生日快乐！
2014年5月19日

## 宸　辉

——写给苏宸辉

还没走进教室，
先听见宸辉的声音，
那是诵读《弟子规》的声音，
那是诵读《三字经》的声音，

那是诵读《百家姓》的声音，
那是诵读《千字文》的声音，
那是教室里最美的声音。

那声音好像汩汩流动的清泉，
那声音好像叠叠的海浪上的沙滩，
一个声音，
带动着一个又一个声音，
诵读构成了优美的晨曲在班级回旋。

每天早上，
宸辉早早地站在台前，
日复一日，从不间断，
宸辉收获的不仅仅是文化经典，
我们禁不住赞叹：好伟大啊！毅力非凡的小男子汉！

郭老师祝宸辉生日快乐！
2014年6月2日

## 婳 婳 歌

——写给朱婳

婳婳在教室里坐，
端端正正，
是很精神很漂亮的那一个。

婳婳在校园里玩，
不吵不闹，
常常有可爱的悠悠来陪伴。

婳婳在图书中游，

专心致志，
一些有意义的事儿悄悄记在心头。

婳婳在童话里做梦，
如诗如画，
小公主美丽的形象是那样栩栩如生。

郭老师祝朱婳生日快乐！
2014年6月15日

## 悄悄话儿

——写给崔兰一铭

一铭是文文静静的男孩子，
下课不吵不闹，
上课不紧不慢，
作业能按时完成，
听讲很少心不专。

有一天，
老师忽然发现，
一铭喜欢和小组同学说悄悄话儿，
问问一铭在说些什么，
他总是不好意思地说：“没什么。”

这个帅气的小伙子，
或多或少有些腼腆，
如果你把心中的悄悄话儿对老师说出来，
说不定你的小愿望我会帮助你去实现。

郭老师祝一铭生日快乐！
2014年6月16日

## 景颢是个帅男孩

——写给崔景颢

号手的金喇叭已经吹起，
小鸟也唱着甜美的歌儿叫你。
他们都知道你是个帅男孩，
要在今天这个美好的日子，
祝福你生日快乐！

你可知道，
这个美好的日子一直在等着你。
花儿露出鲜艳的面孔向日出敬礼，
树上的松鼠也正欢欣地跳跃。
他们希望帅气的你，
因为得到我们的祝福心生欢喜！

你长得帅，
你写字帅，
你在篮球场上帅，
你在帮助班级和同学时帅，
总之，你是个帅男孩！玉树临风！

郭老师祝崔景颢生日快乐！
2014年7月1日

## 阳光使者

——写给李卓衡

太阳公公的使者们，
一齐从天空出发了。
路上遇见南来的风，
南风问："你们要去做什么？"

一个使者回答说：
“我要把光芒洒向大地，
让大家可以工作。”
一个使者愉快地说：
“我要让花儿开放，
让世界变得更快乐。”

卓衡使者说：
我要去首师大附小“向日葵班”，
和那里的小朋友一起学习生活。
他们的生活中有了我，
也会更美好！更快乐！

郭老师祝李卓衡生日快乐！
2014年7月3日

## 爱读书的羽馨

——写给高羽馨

爱读书的羽馨
捧着阳光读
一天一遍
读得满脸兴奋

爱读书的羽馨
捧着月光读
一夜一遍
读得平平安安

一听说郭老师来检查
每片树叶便

摇头晃脑
齐声朗读

羽馨的读书声啊，
那么美，那么甜。

郭老师祝羽馨生日快乐！
2014年7月31日

## 美丽心欣

——写给谢心欣

心欣，你知道吗？
课间的时候，你很有礼貌地走进办公室，
问问老师有什么事情可以做。
你总是这样用自己的时间帮班级做好事，
办公室的老师都羡慕我能有这么好的学生，
那一刻，我是多么幸福啊！

心欣，你知道吗？
老师收作业本时，有同学说你逃作业，
我特别不服气，
我知道，你的慢速是为了完成得更好，
并且，有好多个早晨，
你把图文并茂的作业本交给我，
别人几句话，你写几百字，
从那时起，我更坚信你是很有才华的女孩儿，
身边有了你，老师是多么欣慰啊！

心欣，你知道吗？
毛虫铆足了劲才能破茧而出，

烂漫的花丛中，彩蝶翩飞，
这是多么美丽、美好的景观啊！
愿我们身上集聚毛虫精神，
不断努力，丰富自己，修养自己。
一起加油！心欣美丽！美丽心欣！

郭老师祝心欣生日快乐！
2014年8月12日

## 景田的记事本

——写给刘景田

在清晨寂静的教室里，
我悄悄放在景田桌上一本小小的记事本。
本子大大的，格子宽宽的，
里头一个字都还没写的，新本子。

景田会猜想，是谁送的呢？
问海浪，海浪哗哗哗，
问小鸟，小鸟叽喳渣，
它们一个字也没告诉他。

一定是天刚亮时，
郭老师最先来到教室，
在景田没进教室就悄悄放好了，
准备给他一个生日惊喜，
让他用这个本子写写自由日记，
只要景田认真、用心，
这里将留下他童年最美好的回忆。

郭老师祝刘景田生日快乐！
2014年12月19日

**2．孩子们相互赠诗祝福生日**（选录部分）

## 织　　布

庄子悦（郭老师修改）

太阳在织布，
织出一片光亮。

春风在织布，
织出一片绿叶。

老师的粉笔在织布，
织出一道道奇妙的算式。

刘博修的心在织布，
织出一个个美好的梦想。

祝刘博修梦想成真！
祝刘博修生日快乐！

2016年4月3日

# 照 亮 着

和法忻（郭老师修改）

你，是一颗颗闪烁星星。
光芒虽小，
照亮着漆黑的夜晚。

你，像一座座长明的灯塔，
高高矗立，
在茫茫大海上为水手导航。

你，似一弯皎洁的明月。
明媚柔和，
把沙漠中摸黑前行的人内心照亮。

赵亮，照亮，
阳光般的暖男，
四（1）班全体师生，
祝你生日快乐！

2016年4月18日

## 春　风

刘景田（郭老师修改）

狂风有一个妹妹，
它叫春风。
春风很讨厌哥哥的所作所为，
因为他吓跑了天真的小孩，
吓哭了美丽的小花。

有一天，狂风又出来捣乱，
春风生气了。
它叫来了自己最好的朋友——太阳。
太阳发出金灿灿的光芒，
把狂风吓得迅速跑远，
柳树停止了剧烈的舞蹈，花儿在欢笑了，
天真的小孩又开始玩玩闹闹。

在我们班中，
也有这样的“春风”，
她就是人见人爱的——罗子（罗语佳）。

2016年4月17日

## 睿智章章

王紫麒（郭老师修改）

在班里，
有一位同学——潘睿章，
遇到新事物，
他总会勇敢尝试。

尝试信息技术，
努力地去研究，
成为班级的电脑小专家。

小小的磁力棒，
在他手中变成新奇建筑，
手脑并用，灵感总能迸发而出。

他还是一颗开心果，
做不同搞笑的动作。
使大家都一起欢笑。

班里有你真好！
祝潘睿章生日快乐！

2016年4月24日

## 好姐妹，季子

张昕冉（郭老师修改）

有一个窗户里，闪着明亮的灯光。
那个房间里，充满了欢声笑语……
其中一个人，那就是你，我的好姐妹，季子。

季子，你一有什么好东西，
第一个想到的就是我，和我分享。
每一次我伤心时，你温柔的手就落在我背上，
轻轻地拍着、抚摸着……

季子，还记得咱俩吵架吗？
每次咱俩吵完架，都很快和好，
每次，第一个说对不起的总是你！

季子，我的最好的姐妹，
你做的一点一滴，都留在我心里……
和你相伴的每一天，都是快乐的日子。
在这里，我祝你生日快乐！

2016年4月29日

## 四、每学期末举行庆典，隆重为生命颁奖

每个学期的结业庆典，对新教育的每间教室来说，是所有节日之中最为隆重的。我们班级利用学校的童话剧场，至少要用半天时间来举行结业庆典，其中第二部分是为每个生命颁奖。

关于为每个生命颁奖，有个小故事，叫作“胖胖鳄鱼奖”。

在亮亮的书桌上方正中位置，端端正正贴着一张奖状，上面写着：

小兔子考试不及格，它不敢回家，害怕暴脾气爸爸用鞋底子打屁股，就悄悄躲在一只箩筐里默默流眼泪。胖胖鳄鱼知道了，去给兔爸爸讲了一箩筐大道理，兔爸爸终于原谅并理解了兔儿子，把它抱回家。亮亮同学在日常生活中最会关心人，最能理解宽容人，亮亮同学荣获“胖胖鳄鱼奖”。

“啊？竟然有这样的奖状?”看到的人都不约而同睁大好奇的眼睛。亮亮却微微一笑，告诉你，班里同学每个人都有，大家都不一样，“最可爱的土拨鼠奖”“最美狮王奖”“智慧小银鱼奖”……多着呢！听亮亮一解释，亲戚朋友更加好奇，到底怎么回事儿呢?

在我们班，每学期都开展共读活动。这学期，阅读了《笨狼的故事》《青蛙和蟾蜍》《稻草人》《彩乌鸦》系列，每月共读一本书，并不满足只了解故事内容，而是通过集中的共读研讨课，走近文中的主人公，把童话中的人物形象和教室里孩子们的突出优点联系起来，搭建起童话中的人物和教室里孩子之间的心桥，这样的桥越多、越美好，孩子们阅读的效果就越好。“胖胖鳄鱼奖”等奖项就是这么来的。

阅读中，每次出现“胖胖鳄鱼”，就让人情不自禁想到亮亮，亮亮也是胖胖的，特别爱帮助人，并且在乐于助人方面很有办法。有一次，豆豆不写作业，手里不停地玩铅笔啦、橡皮啦、尺子啦，都玩够了，把这些东西往桌上一放，开始撕纸。一会儿工夫，教室里纸片漫天飞舞，很多废纸片落在她后桌亮亮的头上、桌子上，看到亮亮满头是纸的滑稽样子，豆豆特别开心，冲他做鬼脸。亮亮很生气，气得满脸通红，可仍然压住火气继续写作业。豆

豆呢，变本加厉，竟然拿起水杯把一杯水泼到亮亮桌子上，水花溅得亮亮满脸满身，一杯水顺着桌子流到亮亮腿上。亮亮气得直跺脚，豆豆却不以为然，看看亮亮接下来会怎么办。我被同学们叫来后，把豆豆搅在怀里，安慰亮亮别生气，相信豆豆随着年龄的增长会好起来的。亮亮本想微笑着回应老师，但笑不出来，冲老师点点头，表示理解。放学的时候，亮亮悄悄对我说："您不用告诉她爸爸，我知道她特殊，能原谅她。"不大的声音却让我震撼了，我冲着湿裤子的亮亮坚定地点点头。在以后的阅读中，有一天读到了"胖胖鳄鱼"这一章，我一下就想到了亮亮。对，就是亮亮，宽容大度乐于助人的亮亮，于是，学期末亮亮就荣获了"胖胖鳄鱼奖"。

亮亮得到这个奖状非常开心，有同学直接叫他"胖胖""鳄鱼"或"胖鳄鱼"时，他都是乐呵呵的，他知道，那是大家对他的爱称。同学们也很喜欢这样别具一格的奖状，获得"最可爱的土拨鼠奖"的钟辰不仅懂得了爱护教室环境，还成了班级劳动小模范；最爱出手的李卓衡获得"最美狮王奖"，她再也不欺负小同学了；获得"智慧小银鱼奖"的刘景天书写特别认真，老师还夸她的字写得像印刷体呢。

就这样，首师大附小"向日葵班"期末庆典的时候，一张张奖状变得神奇起来，发奖状的时候，孩子们兴奋不已。因为这不是普通的奖状，而是首师大附小的班主任老师结合每个孩子独特的生命特质制订的，非常用心，非常精心，这是在为生命颁奖。

**【附一】2014年7月“向日葵班”郭老师为每个孩子写的颁奖词**

清晨，小蝴蝶停在月季花上，在读一张香喷喷的报纸。爱阅读的小蝴蝶是最美丽的，赵紫珊同学就是爱读书的孩子，一个学期阅读50多本书。赵紫珊同学荣获“最美蝴蝶奖”。

常春藤的诗是伞，为小蜥蜴遮阴凉；
常春藤的诗是绿毯，为小松鼠提供运动场；
常春藤的诗是小毛虫的摇篮，
常春藤的诗是小鸟盛美食的饭碗，
我们都喜欢常青藤的诗，我们更喜欢李江浩的诗。
李江浩同学荣获“常青藤诗人奖”。

小枫叶在微风中舞蹈，
小枫叶在台阶上跳舞，
小枫叶们手牵手到小溪里旅游，
小枫叶的日子是多么快乐美好！
张昕冉乐观、阳光，她到哪里，
哪里就有幸福快乐！
张昕冉同学荣获“最美枫叶奖”。

小苍耳，骑“白马”，没腿也能跑天下，
告别妈妈和故乡，快到远处去安家……
小白兔是苍耳的“白马”，带着苍耳去安家，
热情的你也经常成为同学的“白马”，
帮助大家做这做那。
王浚伊同学荣获“白马王子奖”。

池塘里，常有一道道小波纹，别看它小，它能晃动树阴，能晃动云影，还能晃动山的倒影……别看它小，它是池塘里一道美丽的风景。就像有些同学一样，是校园里、教室里的一道美丽风景。朱婳同学荣获“小波纹奖”。

小松鼠们得到一串葡萄，一只吃掉了酸的，一只吃掉了小的，一只吃掉了破些皮儿的，把剩下的最熟、最大、最好的葡萄留给妈妈。和法忻、罗语佳同学心中有他人，荣获“甜蜜蜜的葡萄奖”。

夏天的夜晚，繁星满天。有颗星星从空中摔下来。妈妈告诉小刺猬，那颗星星玩滑梯呢！在同学们中就有一位同学像星星一样闪亮又淘气，他就是丁自远。丁自远同学荣获“灿烂星光奖”。

小企鹅胆子小，每天只躲在爸爸肚子下面，它以为世界只有蓝天白云。爸爸鼓励它要勇敢地走出去，战胜困难，你会看到绿的树、红的花和七色彩虹。小企鹅果然看到了美丽的世界。杨惠然同学就克服了不敢当众说话的困难，取得了非常大的进步，荣获“美丽小企鹅奖”。

小兔子考试不及格不敢回家，藏在一只箩筐里。胖胖鳄鱼给兔爸爸讲道理，兔爸爸原谅并理解了小兔子。赵亮同学会关心人，能理解宽容人。赵亮同学荣获“胖胖鳄鱼奖”。

土拨鼠回到家里，爸爸告诉他：“听到你的敲门声就像听到十分动听的音乐。”咱班的钟辰比土拨鼠还懂礼仪，听到钟辰的读书声、朗读诗歌声就像在欣赏音乐。钟辰同学荣获“最可爱的土拨鼠奖”。

太阳东升西落，一天又一天，她疲惫了。可是她看到了树上红彤彤的苹果。她经常照射它们，如今它们都成了小太阳。当郭老师累了的时候，潘睿章就主动来帮忙。潘瑞章同学荣获“最帅小太阳奖”。

小黑熊为了找到外婆，不停地唱着这首歌：当苹果和月亮低语，到处飘荡着浓浓的香气，这时候我的家乡是多么美丽。小黑熊不停地唱，是那么执着，终于找到了自己的外婆。我们班邵可做事非常执着，他荣获“最帅小黑熊奖”。

小兔子摘下小星星，把小星星送给村里的每一位小伙伴，伙伴们把小星星挂在屋子里，一间间的小屋子闪闪烁烁，非常美丽。丁瑞阳同学就像小兔子一样，经常把自己的智慧和同学们分享。丁瑞阳同学荣获“星光小兔奖”。

风雨中，小烟囱顽强地站在那里，因为它在那里，屋子里的老爷爷和他的小狗在暖烘烘的壁炉前烤火。谁又是我们班的小烟囱呢？苏宸辉。每天清晨，他早早就在教室里诵读了，他带领大家诵读。苏宸辉同学荣获“小烟囱奖”。

狮子是森林之王，谁都怕他。而这只小狮子却友爱温和，连小老鼠都敢和他握手。他在大森林中被称为最美狮王。按年龄算，李卓衡是班级中最大的，他从不欺负同学，经常为班级做好事。李卓衡同学荣获“最美狮王奖”。

为了让小龙安静，老师给他讲故事。小龙托着下巴很认真地听，让老师念一段，再念一段，最后再念一段……直到念完整本书。小龙越来越爱读书了。我们班也有越来越爱读书的同学呢，刘景田同学荣获“爱阅读的小龙奖”。

有个美丽的小枕头，每天晚上给小朋友们讲故事，故事里有神奇的鸟儿、美丽的公主、好吃的蛋糕……使小朋友们的每个日子都非常美好。我们班有位同学，她创作的小说给我们带来许许多多的欢笑，她就是张嘉迅。张嘉迅同学荣获“美丽小枕头奖”。

池塘里有一群爱读诗的鱼，它们读写在落叶、花瓣和水草丛里的诗句。“向日葵班”有一群爱读诗的孩子，其中有一个还自己买来金波的诗集读，他就是王毓鹏。王毓鹏同学荣获“诗意小鱼儿奖”。

有一条小银鱼，它吃了一头狮子和一头大象，你可别以为他在吹牛，他是吃了水中狮子和大象的倒影。这样的童话有趣吧？我们班的刘景天就创作出了这么有趣的童话。刘景天同学荣获“智慧小银鱼奖”。

大胡子设计师设计出了一只男孩和女孩都喜欢的玩具狼，这是一只非常神气、勇敢、和善的狼。我们班的紫麒给她的芭比娃娃设计出了漂亮衣裳，翻看她的创作，每一页都值得欣赏！王紫麒同学荣获“大胡子设计师奖”。

“变成小虫子，也要在一起”讲的是一只田鼠和鼹鼠的友谊。这是一段甜蜜的友谊，在我们班就有这样珍贵的友谊。王双、王楚涵、郭文韬、刘博修同学荣获“甜蜜蜜友谊奖”。

小恐龙订购了一对翅膀，帮助99岁的龙爷爷实现了飞翔的愿望。一铭过生日送给每位同学一个精致的书签，祝愿同学们养成爱读书的好习惯。崔兰一铭同学荣获“助读绅士奖”。

粉色的蘑菇是蓝精灵的小魔椅，小黑兔不知道，它摘走了蓝精灵的小魔椅。蓝精灵非常非常非常生气，但他还是能原谅小黑兔，他的宽容和大度值得我们学习。季欣雨同学就是这样。季欣雨同学荣获“美丽蓝精灵奖”。

天气好热，一丝风都没有。玫瑰花快中暑了，一只好心的蝴蝶飞过来，扇动翅膀为玫瑰花扇凉，玫瑰花舒服了，散发出阵阵香气，把小蝴蝶变成了香蝴蝶。王润、王俊骁就是热心帮助同学的孩子。王润、王俊骁同学荣获“香蝴蝶奖”。

小黄鹂很善良，她把捉到的虫子给老白头翁吃；小黄鹂有梦想，她要唱出最动听的歌给大家听。陈思嘉、陈忱就是这样善良并有梦想的女孩。陈思嘉、陈忱同学荣获“金光闪闪的黄鹂鸟奖”。

青蛙爷爷想给孙子写信，可他把学过的字都忘记了。于是，他背上孙子的书包重新上学，认认真真地听鼹鼠老师讲课。经过老师的指点，青蛙爷爷想起来了自己忘记的字，并且再不会忘记了。贾皓文同学就是越来越认真学习的孩子，他荣获“青蛙爷爷”，噢，不，是“青蛙王子奖”。

小猪猪整天跟在爸爸身后，别人常说他是爸爸的小尾巴。猪爸爸乐呵呵地说：“才不是呢！他是我最好的儿子，最棒的小助手。”老师的小助理常常帮老师做这做那，是最得力的帮手。谢心欣同学荣获“王牌小猪猪奖”。

有一粒种子，核桃那么大，绿色的外皮非常可爱。凡是看见它的人，没有一个不喜欢它。国王嫌它不发芽，扔掉了；富翁嫌它不发芽，扔掉了；商人嫌它不发芽，扔掉了。麦田里的农夫发现它，耐心等待，种子开出最美丽的花。子清、羽馨的美远远没被我们发现。周子清、高羽馨同学荣获“神奇种子奖”。

画眉唱歌了，工厂里的工人、田地里的农夫、织布的女人、奔跑的车夫、掉了牙的老牛、皮包骨的瘦马、场上表演的猴子、空中传信的鸽子……听见画眉的歌声，都心满意足，忘记劳累，忘记愁苦，正如我们听到刘子涵的朗读声。刘子涵同学荣获“金画眉奖”。

到了夜间，诗人喝了酒，有些醉了；画家呢，正抱着精致的乐器低低地唱，都没有工夫到田野里来。谁来保护田里的稻穗呢？稻草人。在我的教室，有时值日生有事，有时需要搬座椅、拖地，谁最积极？崔景颢。崔景颢同学荣获“最帅稻草人奖”。

有一头聪明的野牛，住得舒服，吃得也好，就写信给乡下的牛，让他们坐火车到他这里来，吃嫩嫩的青草，住瓦盖的房子。这是一头会分享的野牛，在我们班就有着分享的好习惯。黎瀚泽同学就是其中一位，他荣获“可爱野牛奖”。

有一种恐龙，食速快，奔跑速度也快。在我们班有位同学写作业又快又好，写诗歌又快又好，写小说又快又好，他就是唐楚沣。唐楚沣同学荣获“神奇飞龙奖”。

谁都有梦想，有位小同学的梦想是订购自由。那一天，他终于实现了梦想，可是，这位同学并没有好好享受自己订购到的自由，而是把这自由送给了自己养了两年的小鸽子，让小鸽子飞向蓝天，拥有自由。这位同学就是庄子悦。庄子悦同学荣获“最美和平鸽奖”。

你是幽默大王吗？怎么你一读日记，同学们都不约而同地笑呢？我们不知道你是不是幽默大王，但是我们知道你是我们大家都喜欢的静如公主。高静如同学荣获“美人鱼公主奖”。

“向日葵班”有个瘦瘦的小女孩，小小的鼻子、小小的嘴巴，既会写诗歌，又会创作童话，她写的日记更是人人夸。她就是胡心怡。胡心怡同学荣获“全能智多星奖”。

为每个生命颁奖，每学期各不相同。到了三年级，我们阅读《夏洛的网》，于是我就像夏洛一样为孩子们“织字”，这样的“织字”是对孩子的一种认可、一种鼓励，更是一种期许。

**【附二】2015年1月“向日葵班”郭老师为每个孩子写的颁奖词**

紫珊同学在课堂上，非常爱思考，回答问题有条有理，用词精当。有些时候，紫珊的观点和认识甚至超出老师的预想，让老师赞叹不已。赵紫珊同学荣获“青出于蓝奖”。

李白年少时代，曾做过一个奇特的梦，他梦见自己使用的笔的笔头上开出了鲜艳的花朵。李白抓起笔飞快地写，落在纸上的是一朵朵盛开的鲜花。人们用“生花妙笔”来比喻他有杰出的写作才能。在我们班，我们常常能欣赏到江浩的好文章。李江浩同学荣获“生花妙笔奖”。

有一个小女孩活泼可爱，单纯善良。她的绘画色彩鲜艳，生机勃勃；她的日记表达流畅，趣味横生；她的舞姿优美动人，技巧高超。这个女孩就是人见人爱的张昕冉。张昕冉同学荣获“天真烂漫奖”。

刘备把自己比作鱼，把孔明比作水。刘备有了孔明，就好像鱼儿得到了水一样。郭老师把自己比作鱼，把王浚伊比作水。郭老师有了王浚伊，班级的许多事情就都得到了很好的解决，浚伊是老师的得力助手和军师。王浚伊同学荣获“如鱼得水奖”。

可爱的朱婳，你的脑子里充满了神奇的幻想和想象。每次读你的日记，都会带给老师不一样的惊喜，文章中那独特的人物、有趣的故事、别样的开头与结尾方式，老师和同学们都特别欣赏。朱婳同学荣获“别具匠心奖”。

庖丁是梁惠王的一个厨师，他毫不费力地把牛的骨头和肉分割下来，手起刀落，干净利索，惠王看后十分惊叹佩服。人们把技巧熟练而高超、做事轻而易举称为“游刃有余”。语佳同学对于学好课本知识就是游刃有余的状态，老师相信你完全有能力更上一层楼。罗语佳同学荣获“游刃有余奖”。

常常看到他手捧一本书聚精会神地读。因为长期坚持阅读，他的知识越来越丰富，他写出的作文和日记越来越出色，课间变得安静了，课堂上越来越有智慧了。他懂得了多读好书的益处，并一直在津津有味地读着，他就是和法忻。和法忻同学荣获“开卷有益奖”。

周穆王到西部去巡视，途中遇到一位技艺高超的工匠，名叫偃师。偃师制造出能歌善舞的假人为君王表演，假人表演的动作和姿态千变万化，穆王赞不绝口。丁自远同学能表演、善唱歌、会拉小提琴，多才多艺，荣获“千变万化奖”。

她是一位个性非常强的小姑娘。她喜欢画画做手工，爱看课外书，会下围棋，还在学习一种乐器，凡是她喜欢的就能做得很好，她就是杨惠然。杨惠然同学获得“琴棋书画奖”。

赵亮同学乐于助人，拾金不昧，经常主动为班级做好事。在学习上非常用心努力，作文越写越出色，他笔下的“黑仔”给我们留下了深刻的印象，我们喜欢“黑仔”，更欣赏赵亮。赵亮同学荣获“品学兼优奖”。

且不说他是绘画高手、写作能手，他还是名副其实的小绅士。小绅士钟辰，人见人爱，花见花开。他和同学相处友爱谦让，一向乐于助人，见到老师和客人非常有礼貌。钟辰同学荣获“彬彬有礼奖”。

当班级工作和个人的事情发生冲突的时候，他选择首先完成班级工作。这是一种非常了不起的大局意识，我们都赞赏他的大局意识。潘睿章同学荣获“顾全大局奖”。

有一位小同学，除了中午吃饭，其他方面从未让老师操过心。写作业认真主动，听讲专心用心，回答问题积极踊跃，写字姿势端正、字迹工整美观，经常被各位老师称赞表扬，是班级的模范人物。邵可同学荣获“一代楷模奖”。

“韦编三绝”用来形容读书刻苦勤奋。“韦编”指用牛皮绳编连起来的竹简书；“三”表示多次；“绝”是断的意思。古时候，孔子读《易》，多次翻断了编连竹简书使用的牛皮绳。我们班丁丁同样是勤奋刻苦的好孩子，主动写日记、写小说，课间写、晚上写，就连外出游玩时也在写。丁瑞阳同学荣获“韦编三绝奖”。

每天清晨，都有一位同学早早来到教室带领大家诵读。在他的带动下，我们诵读了《弟子规》《三字经》《千字文》《百家姓》《笠翁对韵》，这位同学就是苏宸辉，他从小就懂得抓紧时间，是个奋发有为的好少年。苏宸辉同学荣获“闻鸡起舞奖”。

这位同学知道什么是对的，对的事情就努力去做好；他也知道什么是错的，错的事情尽量不做，即使谁给什么好处也不去做。这位同学就是李卓衡。李卓衡同学荣获“浩然正气奖”。

20岁的文天祥参加进士考试，连草稿也没打，写了一篇一万多字的文章，洋洋洒洒，从头到尾一气呵成。宋理宗看后大为赏识，亲自选定他为第一名。在我们“向日葵班”，景田就有这样的才气。刘景田同学荣获“一挥而就奖”。

在一个普通的下午，有一位同学写出了一篇非常不普通的日记。当我们欣赏这则日记的时候，情不自禁会心地笑着，暗暗赞赏这位同学的写作智慧。日记之所以能写得这样巧妙，全在于这位同学善于思考，这位同学就是张嘉迅。张嘉迅同学荣获“运用之妙，存乎一心奖”。

他是具有智慧和才干的男孩子，他写的日记多次成为班级范文，但他从不骄傲，总觉得自己写得还不够好，还要向班级的其他同学多学习。他的谦和使我们觉得更可爱，品学兼优的孩子定会越来越好。王毓鹏同学荣获“锦绣前程奖”。

李成，宋代著名画家。李成作画，不轻易落笔，先用淡墨，后用浓墨，爱惜笔墨就像爱惜金子一样。“惜墨如金”泛指写字、作文、作画不轻易下笔，力求精练。景天同学在创作诗歌、写日记和作文方面，用词总是力求精确、短小精悍。刘景天同学荣获“惜墨如金奖”。

“先天下之忧而忧，后天下之乐而乐”是范仲淹《岳阳楼记》中的名言。古代的仁人志士不因为美景而高兴，也不因为自己的处境不好而哀伤，而是忧虑在天下百姓之先，欢乐在天下百姓之后。我们班每次换座位的时候，紫麒都考虑同学在先，日常生活中也处处为老师同学着想。王紫麒同学荣获“先忧后乐奖”。

妮妮这个小姑娘不仅天生丽质，而且才华横溢，会弹琴，善唱歌，能写一手好字，可以创作出一篇篇好文章，还可以背诵出许多著名诗篇及文章。妮妮就是王楚涵。王楚涵同学荣获“才貌双全奖”。

双双聪明伶俐，乖巧懂事。大家都喜欢和双双一起玩，更愿意和双双坐同桌。双双学习用心认真，写得一手好字，翻开双双的写字本，字字如花。王双同学荣获“专心致志奖”。

“博才多学、学富五车、才高八斗”这些成语都可以用到文韬身上，文韬酷爱阅读，尤其酷爱历史书，谈起历史人物堪称我们大家的老师，在成语竞赛活动中荣获班级冠军。郭文韬同学荣获“满腹经纶奖”。

博修的理想是成为科学家，为了实现理想，博修努力学习，热爱阅读和思考，课余时间做了大量的小实验。在博修身上，有着科学家的气质。我们十分赞赏有理想并为之付出努力的好孩子。刘博修同学荣获“有志者事竟成奖”。

这位男同学上课听讲特别专心，倾听老师讲课，倾听同学发言，倾听小组同学的建议和意见。倾听是一种非常好的习惯。崔兰一铭同学荣获“聚精会神奖”。

翻开她的作业本，书写端端正正，是那么美观。一手好字是一笔巨大的财富，只有用心去观察去练习才能写得好，欣雨在书写时不骄不躁，不断地努力，字一直写得很好。季欣雨荣获“脚踏实地奖”。

自主学习是一种好习惯，王润同学从一年级开始就养成了这个好习惯。打开王润的语文书，每一页都留下了自主预习的痕迹，因此王润的基础知识掌握得非常扎实。王润同学荣获“温故知新奖”。

俊骁是班级的学习委员。作为学习委员，她首先严格要求自己，写好每一次作业，完成好每一次创作，她的优秀越来越被老师和同学们看在眼里，功夫不负有心人。通过日复一日的努力，王俊骁同学荣获“脱颖而出奖”。

“北方有佳人，绝世而独立。一顾倾人城，再顾倾人国。”意思是形容女子的容貌特别漂亮。在我们班，陈忱同学就是非常漂亮的女孩子，不仅仅外表美，她善良、热情，常常默默为班级和同学们做好事。陈忱同学荣获“倾国倾城奖”。

我们都记得“蓝蓝”——思嘉饲养的一只鹦鹉，这只鹦鹉非常聪明，能听懂人的语言。思嘉通过日记介绍自己心爱的“蓝蓝”，那饱含真情的文字让老师记忆犹新。陈思嘉同学和她的“蓝蓝”一起荣获“无与伦比奖”。

荀子用镂金石来比喻学习要持之以恒，坚持不懈。他说，刻一下就停下来，烂木头也刻不断；不停地刻下去，即便是坚硬的金属和石头，也可以把它们刻穿。贾皓文同学在学习上不断努力，荣获“锲而不舍奖”。

心欣同学作为老师的小助理，常常帮老师上交材料，下发报刊通知，照顾生病的同学，提醒课间纪律，每一件事情都完成得很用心。心欣不仅是老师得力的帮手，还是创作诗歌和小说的能手。谢心欣同学荣获“巾帼不让须眉奖”。

有一则成语，它的意思是手中的书不肯放下来，比喻抓紧时间勤学，或看书入了迷。在我们班，这样爱读书的同学很多，周子清就是其中的一位，她读书格外用心、认真。周子清同学荣获“手不释卷奖”。

水滴不断地往一处滴，时间久了也能把石头滴穿，羽馨身上就有这种精神。因此，她认识的字越来越多，听写常常是100分，写出的日记越来越具体，语言表达越来越生动，她的进步我们有目共睹。高羽馨同学荣获“水滴石穿奖”。

在葵园，有一朵非常娇艳美丽的花，是子涵。不知她哪来的神力，小小年纪就能写出千八百字的文章，行文那么生动、那么具体。她也是优秀的班级活动主持人，能歌善舞会画画。刘子涵同学荣获“姹紫嫣红奖”。

黄香勤奋好学，知识渊博，对父亲十分孝敬。在寒冷的冬天，他先自己钻进被窝，把被子温热一点，再请父亲睡下。他的做法得到了很多人的赞美，当时在京城流传一句民谣：“天下无双，江夏黄香。”景颢就是理解父母工作忙，有自理能力的好孩子。崔景颢同学荣获“天下无双奖”。

你回答问题积极踊跃，你的思考又常常能引发同学们进行再思考。这样，同学们的智慧火花不断闪现，在这个学习的过程中，瀚泽功不可没。黎瀚泽同学荣获“抛砖引玉奖”。

“煮豆持作羹，漉菽以为汁。萁在釜下燃，豆在釜中泣。本是同根生，相煎何太急?”这是才子曹植的七步诗。在我们班，也有一位才思泉涌的同学，写作速度令人叹为观止，他就是唐楚沣。唐楚沣同学荣获“七步之才奖”。

郭老师说过，如果让她在班里为自己找一个榜样，她首选庄子悦。子悦学习主动，他笔下的小动物活灵活现，栩栩如生；他记述的生活场景使人身临其境；他创作的诗歌风趣美妙。庄子悦同学荣获“才高八斗奖”。

你是围棋高手，有些比你年龄大的孩子和你下棋都甘拜下风；你是写作小能手，你的幽默常常让老师和同学忍俊不禁；你是优秀的小演员，不论表演哪个角色，你都演得惟妙惟肖。我们都喜欢你，你是我们心中的静如公主。高静如同学荣获“气度不凡奖”。

心怡写的日记和作文，经常作为范文在班级朗读；心怡本学期进行了两次儿童讲堂，连PPT课件都是自己亲手制作；在课堂回答问题方面，越来越勇敢，智慧不断涌现。正如“木欣欣以向荣”，胡心怡同学荣获“欣欣向荣奖”。

每一次庆典对我来说都是一次巨大的挑战和遭遇。朱老师说过：没有挑战和遭遇，没有一颗不安分的心，没有一种创造奇迹的冲动，就不可能有“完美教室”。“完美教室”应该让每一个生命创造奇迹，没有挑战不可能，没有战胜各种遭遇，谈何奇迹？所有的奇迹都会告诉大家：要永远学会挑战不可能，要让孩子把追求卓越成为习惯，有一颗不甘平庸、不安分的心。无论是今天在教室的学习，还是未来在任何岗位上的工作，都是如此。在人生的任何一段旅途中，应该永远努力成为卓越者和创造者。

## 思考与建议

1. 为班级起名字，全体学生应该参与，这样班名的意义才能更深入学生内心。
2. 班级建设要和班名紧密联系。
3. 为生命颁奖的颁奖词和课外阅读紧密结合，每个同学都是独特的。
4. 班级大型活动要有仪式，唱班歌，诵班诗。
5. 班级活动及重大事宜邀请孩子父母参加。

# 第九章 研发卓越课程

## 一、什么是卓越课程?

什么是卓越课程?如果把课程视为以活生生的人为中心,包括起点、目的地组成的道路和历程的话,那么,所谓卓越课程,就是在其中最好地完成了课程的目的,完美地实现了人的完整幸福。

朱永新老师提出:如果把教室比作河道的话,课程则是水流。两者相得益彰时,才会有教育的精彩涌现。有了课程的汩汩水流,田间地头也可以成为教室的延伸部分;课程的水流枯竭了,精心布置的教室也会成为禁锢生命发展的囚笼。课程的丰富性决定着生命的丰富性,课程的卓越性决定着生命的卓越性。

如果把教室作为师生生命发展的重要“场”的话,那么,课程本身就是赋予师生生命成长的重要能量。课程作为生命成长的能量,通过课堂内外的叠加、学校家庭的碰撞，以各种形式互相作用，由量变而质变，最终知识与社会生活、师生生命达到共鸣而形成。

什么是新教育实验的“卓越课程”呢？第一，卓越课程应该实现新教育实验“让师生过一种幸福完整的教育生活”的使命。第二，卓越课程应该尊重学生的身心发展规律，以学生的生命发展为本位。第三，卓越课程应该经历浪漫、精确、综合三个阶段。第四，卓越课程应该充满惊奇，触及灵魂，生命在场。博而诺夫的教育人类学认为，“遭遇”在教育中具有特别的意义。第五，卓越课程应该实现知识与生活、生命的深刻共鸣。

## 二、首师大附小的“紫禁城课程”

### 1．故宫·紫禁城·大森林

说到北京的故宫博物院谁都不陌生，这是明清时期24位皇帝居住和办公的地方，初建成的时候名叫紫禁城。2014年9月，首师大附小“向日葵班”的孩子们有一项独特的课程——“紫禁城课”。上“紫禁城课”的那一天，被孩子们称为集体幸运日。

“紫禁城课程”是室内外相结合的课程。每学期四个课时，每课时预计

60~80分钟，前三课时在室内上，第四课时走出校园，实地考察，考察之后，进行自由的诗歌创作。

这项课程由本人、崔超、柴雅静和窦欢四位老师承担，两人一组，分成两组；42名同学也分成两组，每组21人，属于经典小班课。正因为是经典小班，研讨课程的时候自然需要格外精细。在来自香港的陈老师、吴老师的带领下，大家不知道忙碌了多少个日子。那些日子，教室外面月朗星稀，教室里面议论纷纷，为了高效达成预定目标，几位老师至少需要两次集体研课、两次集体试讲。

盼星星，盼月亮，这个课程终于和大家见面了。走进首师大附小“紫禁城课程”的专业教室，同学们就不由自主地“哇！哇”起来，这么大的教室、这么漂亮的“月亮”座椅，还有这么大的两个沙发，地上居然还铺着地毯，真的是“高大上”教室耶！同学们就这样带着喜悦和好奇迎来了他们期待已久、梦寐以求的“紫禁城课程”。

这个课的与众不同在于，老师不讲知识，而是带着同学们游戏，并且是一个游戏接着一个游戏。我带着大家进行第一个游戏——看图猜字，老师出示三幅图，每幅图表示一个字。其中一幅图是星空，广阔的天空闪烁着大大小小的星星，会是什么字呢？有的猜是“星”字，有的猜是“繁”字，还有的猜是“美”字，答案五花八门，我不住地微笑着摇头，就是不给答案。孩子们实在猜不出，我就把这幅图放在一边，又拿出两幅图，继续猜。孩子们一下子发现了规律，三幅图表示的是“紫禁城”三个字，难度这么大，竟然是猜出来的，孩子们自己都感觉很兴奋，很有成就感。这时候，我再次举起“紫”字图，结合图片讲了关于天帝的传说。天帝居住在“紫微垣”，紫微垣位于星空中央位置，以示尊贵。传说皇帝是天帝的儿子，贵为天子，他居住的地方紫禁城以“紫”为首也表示尊贵之意；“禁”表示禁止入内，皇宫嘛，哪能随随便便进进出出呢；最让同学们惊讶的就是“城”了，竟然有那么大，那么多间房子，太不可思议了，这么大的建筑群是怎样形成的呢？

进入第二个活动，跟着蒯工匠（崔超老师）到大自然里找灵感。走进大森林，树叶、树枝、树干，低矮的竹林、纷飞的蝴蝶、鸣叫的喜鹊让一筹莫展的蒯工匠受到启发。他有了创作的灵感，兴致勃勃地要把小动物的家“搬”到皇宫里，于是利用14年的时间终于建造好了这座神奇伟大的皇宫。老师出示森林图和皇宫图，让同学们再找找看，蒯工匠的灵感究竟是什么呢？孩子们小组合作，相互启发，很快发现了屋顶像树冠、瓦当像树叶、神兽像森林里的小动物、窗花像竹林等等，大自然美丽神奇，给予了人类无限资源和智慧。

这样的活动一个接一个，不知不觉，这节课竟然上了90分钟，前所未有的时长，孩子们觉得没上够，恋恋不舍地离开了教室，回到家里还想着“紫禁城”，许多同学悄悄把它写进自己的文学作品里。

“紫禁城课程”共计八个课时（一学年），让学生通过认识、思考、欣赏中国建筑，对中国建筑产生兴趣；从认识皇帝的生命，明白最大的“自由”基于“限制”和“付出”；引导学生思考个人与群体的关系；了解大自然的现象可以包含各种祝福和愿望，可以变成见得到的关怀。

最吸引孩子的是教学方式活泼有趣：角色扮演、互动游戏、小组讨论、讲故事……多种多样，在丰富多彩的活动进行中帮助学生了解中国传统文化，引导学生爱上中国传统文化。

**2．游故宫，学生创作诗歌**

“紫禁城课程”的前三课时在室内学习，室内结束后，到第四课时，师生走出校园，实地考察，而后进行诗歌创作。

孩子们有了前面的知识积累和实地考察，厚积薄发，写下了一首首诗，现在列举如下。

### 紫禁城的世界

丁瑞阳

精致的太和殿，
拥有最精致的条斑，
拥有最高的等级。

啊！这是紫禁城的世界。

巨大的龙爪槐，
拥有最高的身躯，
拥有最多的枝丫。
啊！这是紫禁城的世界。

美丽的御花园，
拥有美丽的花朵，
拥有乖巧的动物。
啊！这是紫禁城的世界。

紫禁城是一笔财富，
紫禁城是我们的家园。
当你进到紫禁城中，
你会发现这是奇妙的世界！

## 美丽的故宫

高静如

今天，我去了美丽的故宫，
一进门两只大狮子进入我眼中，
狮子的形态很威猛。

一会儿又进太和殿，
大约有15层楼高，
真是伟大又庄严。

我最喜欢的是仙鹤，
里面雕刻很细心，
光滑又美丽。

最后到了花园中，
里面有好多树和花，
真是美丽得无可挑剔。
啊，十全十美的故宫！

## 紫禁城，我问你问题

唐楚沣

紫禁城，我问你问题：
你绚丽多彩的颜色，是当时的油漆刷成的吗？

紫禁城，我问你问题：
御花园中的古树，是天然种植还是人工种植？

紫禁城，我问你问题：
你庞大的身躯，是工匠用几年完成的巨作？

紫禁城，我问你问题：
24位皇帝，都负责地工作了吗？

紫禁城，我问你问题：
你“身体”中住的皇帝，每天都不扔垃圾吗？

紫禁城，我还有许多问题，
希望你有时间，给我一一解答。

## 小　神　兽

王浚伊

小神兽，排排坐，
它们个个本领大。
龙凤最威武，

让小偷刺客不敢来，
天马、海马智慧高，
各个知识都懂得。
狻猊喜爱玩火焰，
老给人们送温暖。
押鱼是个水中怪，
火灾找它马上灭，
獬豸力气比牛大，
正直善良又能辨真假话。
斗牛能让人逢凶化吉，
地震、冰雹就找它。
你说小神兽本领大不大？

## 三、首师大附小的“游花园课程”

### 1．游花园 · 园林博物馆 · 颐和园（谐趣园）

在“游花园课程”中，我们认识、欣赏大自然元素的独特性；了解园林元素，懂得元素需要互相配合，才能成就美好风景；学习园林设计技法——弯弯曲曲、变大变小、遮遮掩掩等。园林的主角是自然，营建园林建筑，是为了亲近自然，更好地欣赏自然，让学生用五官感受，充分发挥他们的想象

力，构建自己内心的园林。园林元素“石、树、水”如同文字，编排方式的不同，可以记录下不同的主题，创造很多可能性。园林建设可以把对家庭的美好愿望放进花园，成为心愿与祝福。

3月28日“游花园课程”第四单元“乾隆花园的秘密”开课了，学生分享乾隆皇帝邀请卡上的文字密码“八面威风、家宅安宁、古今朋友、春花秋月”。在老师的引导下，学生们了解了园林也是一种留住记忆的方法，并走进了乾隆花园，探寻密码隐藏的含义。第一个要解开的密码是“春花秋月”。在老师的细致讲解下，学生们深入了解了在乾隆花园中“春花秋月”的含义，并利用自然元素教具拼摆了一个园林。孩子们在愉快的活动中感受到了乾隆皇帝对于自然的珍惜和尊重。接下来在老师的引导下解开了第二个密码“古今朋友”。乾隆皇帝的朋友都有谁呢？它们就是岁寒三友“松、竹、梅”。乾隆皇帝欣赏它们高尚的品德，于是建造了三友轩，让这些朋友常伴左右。除此之外乾隆皇帝还有一位古代朋友，那就是王羲之，为此还建造了“曲水流觞”这个游戏来记着他，向他学习锲而不舍的精神。解开这两个密码，对于乾隆花园就了解了一半，剩下的两个秘密将会在下节课揭秘。课程上到这里，孩子们都恋恋不舍，不愿意离开，很想继续了解，足以看出孩子们对这门课程的喜爱。

室内课程结束后，我们走进颐和园的谐趣园，这是乾隆皇帝送给妈妈的生日礼物，这里面藏有美好的愿望和对母亲的祝福。下次就是室外课，我们一同走进颐和园感受园林的美好。

**2．游花园，学生创作诗歌**

2016年4月15日，首师大附小通汇校区四年级（1）班的41位学生与课程的四位老师在完成“游花园课程”六个单元的学习后，一起走进了颐和园的谐趣园，那里藏着乾隆皇帝的哪些小秘密呢？孩子们带着考察单走进了这个承载着历史印记的花园——谐趣园。

沿着山路走下来，就到了有颐和园“园中园”之称的“谐趣园”。“一亭一径，足谐其趣”就是这儿的来历。其实它是仿照江苏无锡的“寄畅园”而建造

的，里面每一处景观都体现了园林的设计美感。

孩子们拿着手中的作业纸和地图，认真学习，认真考察。哪里饮水当明镜？哪里景观最丰富？哪里可知鱼快乐？孩子们边学边记录。

“知鱼桥”是值得孩子们认真学习的。它是由于建园的需要而建造的一座小石桥，却也被乾隆附庸了一把。战国时，庄子和惠施关于鱼的论战，也被搬到了这里，而且还真养了鱼！其实，那只不过是一个哲学命题，是形而上的一种精神领域的答辩！只有像乾隆这样的人才会真的建一座桥来昭示他的功绩。快看，我们的孩子也纷纷作诗，写出了他们心中的美好。

谐趣园虽不大，但极其精巧。沿着弯弯的荷池四周，建有楼、亭、斋、台、堂、轩、榭十多处，与水池、山石、桥洞、林木交相辉映。漫步于谐趣园，感觉变幻无穷，移步换景，举目成画，处处蕴含江南秀色、诗情画意，确实足谐奇趣，不负盛名。

伴随着实践学习的结束，同时也结束了一学年的“游花园课程”。学生们在快乐中了解历史，感受文化，也在实践中学习知识，感受快乐。

游园之后，孩子们进行诗歌创作，有的创作诗画合一。

## 树　与　亭

王骏骁

一棵桃树被种进了颐和园，
经历了春开，夏放，秋收，冬眠，
它不断努力为的是——
开放。
一座亭子被种进了颐和园。
和树一起生活，
那座亭子被称为“兰亭”。
“兰亭”非常骄傲且不喜欢树。
兰亭常常说：
“我以后会是人人熟知
小亭子，你就不会！”
每当这时，树就在开放。
几百年后，
兰亭果然是众目熟知的亭子。
可不知为什么，
大家更喜欢和这棵桃树合影。

## 山水兄妹

王　双

大自然妈妈生了两个孩子，
山哥哥和水妹妹。
山哥哥不爱说话，
可水妹妹却喜欢唱歌，
哗啦，哗啦，
瞧，水妹妹又在唱歌了。
当水妹妹不开心时，
山哥哥就用他身上的大树和小花，

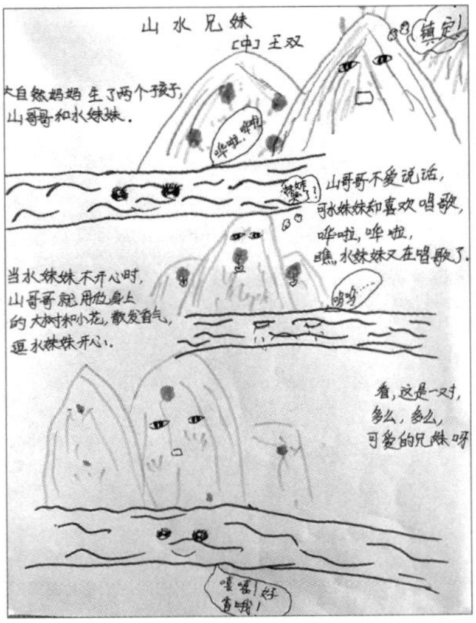

散发香气，逗水妹妹开心。
看，这是一对，
多么，多么，
可爱的兄妹呀。

## 我知道鱼的快乐

赵紫珊

“你又不是鱼，怎知鱼的快乐？”
当年，庄子和惠子在桥上吵吵闹闹
桥想
我虽然不是鱼
但我知道鱼的快乐
建立的很低
就是为了让鱼儿来到我身边
它们尽兴地（原为“的”）游弋
不仅是我
就连那来考察的小学生
也看到了，想到了他们的快乐
建立的很长、很结实
就是为了让好多好多人
站在上面
用好吃的喂鱼儿
把肚子满足地（原为“的”）填饱
在水中打个幸福的饱嗝
使水面浮出一串串美丽水泡
最让我遗憾
是没有参加辩论
不然的话
胜者一定是我——知鱼桥

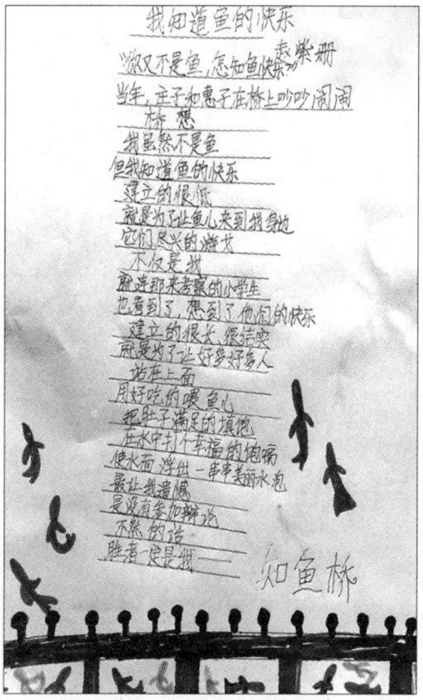

## 小　花　儿

王紫麒

有一朵小花，
它没有朋友，
也没有一个人去赞美它。
有一天，
它努力地（原为“的”）探出头来，
仰望天空。
哦，
太阳光芒四射，
一直在夸它。

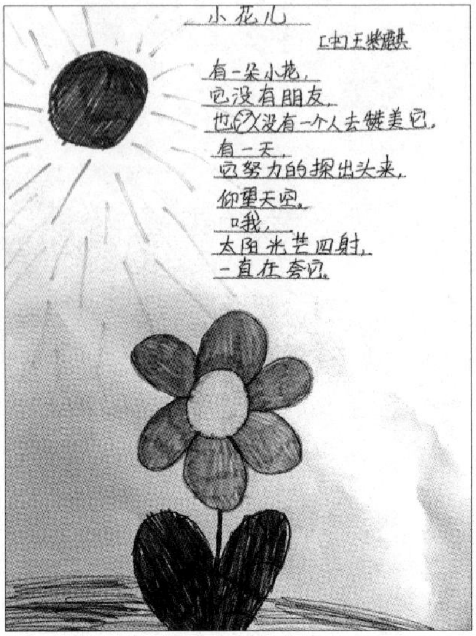


## 黑天鹅与水

罗语佳

你这湖水，
全身冰凉，
你让我如何是好。
黑天鹅，
你别怕，
让我再想想办法。
等过几天，
夏姑娘来了，
你就不冷了。

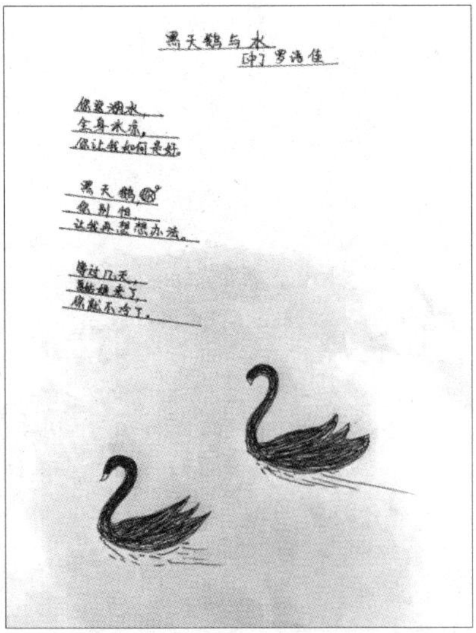

## 知鱼桥

王浚伊

我，
静静的，
静静的，
架在湖面上。
刮风了，
下雨了，
鱼儿们，不要怕，
快快来到，
我身下。

## 对不起

刘子涵

对不起，
很抱歉。
我打扰到
您休息了，
我不该把腰
弯得那样低，
还不停地摇来摆去。

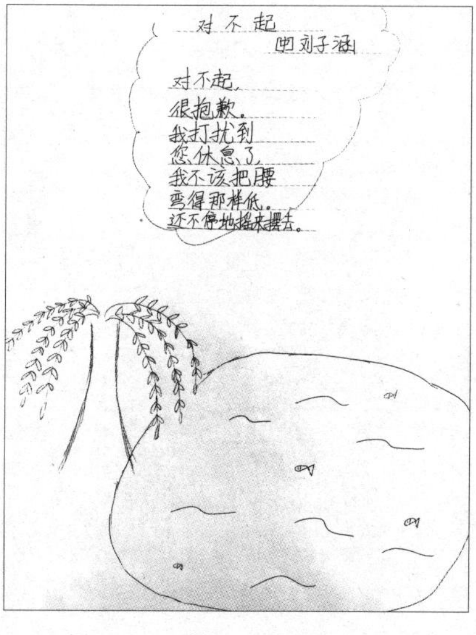

## 世界在动

李江浩

引镜里，
似明镜，
天空是绿的，
世界，
是倒着的。
一条条小鱼，
在天上游。
一只只天鹅，
在天上漫步。
咦？
世界怎么在动？

## 谐趣真奇妙

唐楚沣

谐趣园，真奇妙。
引镜湖，
似镜子，
湖面映柳像弯腰。
饮绿亭，
一青螺，
花繁叶茂很幽静。
知鱼桥，
离水近，
学会鱼儿读心术。
湛清轩，
适读书，
有山也有好环境。
啊，啊，
奇妙的花园乾隆造。

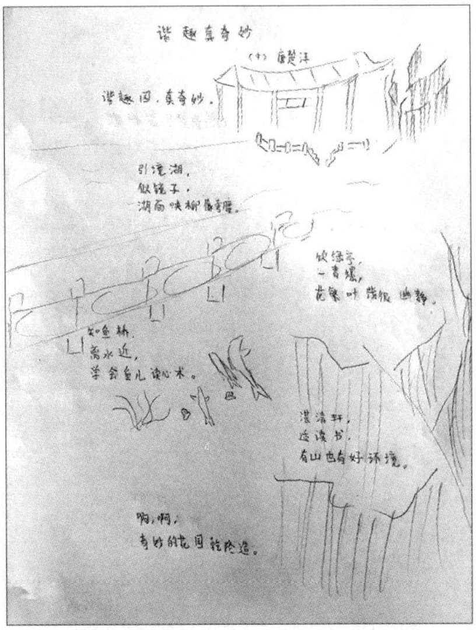

## 四、首师大附小童诗创作课程

从一年级开始，我们的晨诵一直在坚持，一边诵读，一边创作。开始的时候孩子是简简单单地模仿，渐渐的，我引导孩子进行自由创作，每个人每学期大约创作诗歌18首（每周一首）。有一次我们阅读和梅花有关的诗，欣赏几首之后，老师给出一幅图，同学们自由创作，选取其中几首如下。

### 享受冬天

赵　亮

红色的梅花在冬天开放。
一大块冰糕，
冰冰的，凉凉的，
梅花把它一点一点吃下。

### 梅　　花

庄子悦

梅花，
开放着。
冰雪的折磨

又能怎样？
春光的温暖，来了。

## 雪中的花

刘博修

哗啦，
哗啦，
下雪啦！
雪中的花，
很寂寞。
但它真的寂寞吗？
不，
它还有朋友，
梅花。

## 雪中梅花

崔景颢

在一棵大树上，
有一朵梅花，
旁边有一块巨大的冰块。
梅花觉得很幸福，
非常的幸福。
因为它的旁边，
有冰妈妈保护着它。

## 陪　　伴

刘子涵

雪，
是我最好的朋友，

云朵姐姐把他送下来，
我相信，
他下来后，
一定会轻轻地，慢慢地，
落到我在的枝头上，
默默地陪伴我。

## 梅　　花

朱　婳

冰呀，
雪呀，
你们想出门啊，
我也要出门。
我俩一起，
在阳光下聆听，
嘀嗒，
嘀嗒……

## 融化的冬天

王　润

我喜欢冬天，
那清凉的雪，
那温暖的雪，
打在我的身上。

雪用它的温暖
暖着我，
我用我的温暖
暖着它。

我和它
在春天里
融化。

## 冰与梅花

丁自远

一块冰，
靠上梅花：
我要冻僵你。

梅花笑了：
我要温暖你。

寒冷哪里抵得过，
火一样的温暖。

它终于化在梅花的心口。

## 梅　　花

苏宸辉

雪中的梅花，
像一个欢笑的孩子，
静静地欣赏，
别人看不到的美丽。

## 我　不　怕

和法忻

哗啦，
北风来了。
哗啦，
冰雪来了。
哗啦，
我开啦！

## 迎接春天

潘睿章

梅花，
在冬天开放。
它用全部的力气，
打开花苞，
迎接春天。

## 我胜利了

唐楚沣

寒风，
在袭击我。
但是，
我有温暖的心，
足以战胜它，让它畏惧。

冰块，
在冷冻我。

但是，
我有融化它的勇气，
足以挫败它，
让它逃走。

## 孤　独

张嘉迅

我
静静地站着，
风中，
雪中……
远方，
有我的朋友。

四年级上学期，庄子悦同学还有了自己的诗集《向日葵·爱》，下面选取其中几首。

## 雾

雾很懒，
它黏着山妈妈，
不愿离开。

可是，它也得长大，
它一点一点上升，
最后，它变成天空上的一朵白云，
自由地漫步。

人也像雾一样，
小时候，一直黏着妈妈，

但是，我们也要上学，长大，
最终，我们离开妈妈，
变成充满知识与智慧的大人，
幸福地生活。

**老师点评：**雾黏着山妈妈，小孩子黏着自己的妈妈，这是多么充满温情画面！当雾长大，离开山妈妈去自由漫步，当小孩子长大，可以独立地生活，这是多么美好的场景！此情，此景，蕴藏着小诗人的智慧，也带给我们美好的遐想……

## 星　　星

小鸟儿呀，
不要急，
不必为食物担心。

天一黑，
你就不会挨饿了，
你看，
在天空中，
有着一粒一粒，
美味的，闪烁着的，
种子。

**老师点评：**小星星，是一粒一粒的，美味的，闪烁着的——种子。这是多么妙不可言的比喻！和比喻同样美妙的还有小诗人的内心世界，他是那么善良，担心小鸟被饿着，就让自己的想象力飞翔，就望着无垠的星空畅想，想着，想着，小鸟就有了最独特最美好的食物，小诗人也收获了最清新最美妙的小诗。

## 离别与重逢

在一个清晨，
我坐上火车，
离开龙岩前往北京。
那一瞬间，
我伤心的情感像火山一样爆发，
眼泪如熔岩般流出。

在一个下午，
一个快乐的下午，
我乘坐火车，
再度回到龙岩。
我的火山早已休眠，
如地下温泉般的欢笑声，
从井底滚滚流出。

**老师点评：**“我伤心的情感像火山一样爆发，眼泪如熔岩般流出。”“如地下温泉般的欢笑声，从井底滚滚流出。”多么鲜明、多么强烈的对比！用这样的写作方法来表达对家乡龙岩的热爱，让老师叹为观止！

## 爱

爱是无形的，
它在我们身边，
飘来飘去。

爱是强大的，
它的身躯，

就是切割伤心的金刚石。

爱是神奇的，
得到它的人，
生命才能开花结果。

爱是公平的，
只有光明的人，
才能得到它。

**老师点评：** 让我学会爱吧！爱大自然，爱我们的国家，爱美丽的校园；爱爸爸妈妈，爱兄弟姐妹，爱老师同学。因为“爱是强大的，它的身躯，就是切割伤心的金刚石”。学会爱吧，拥有爱的能力，生活更幸福，更美好！

## 思考与建议

1. 研发卓越课程和本地区区域文化结合。

2. 阅读和创作共舞，需要精讲课文内容，用教材并不是照本宣科、按部就班，我们班用两个半月时间完成课本教学，剩余时间阅读和创作。

3. 创作不刻意拔高，在学生感兴趣的基础上进行。

# 第十章　家校合作共建

## 一、什么是家校合作共建?

朱永新老师在《新教育》中指出：家校合作共建是指通过亲子共读、新父母学校、家校合作委员会等形式，强化家校共育机制，建立新型的家校合作方式，发挥父母在学校教育和家庭教育中的作用，为学生的成长创造良好的条件。

家校合作共建不仅对于提高学校教育教学质量具有重要作用，也是建立现代学校制度的需要。通过学校与家庭、社会最紧密的联系，可以实现各类社会教育资源在学校中的整合，使学校课堂向社会生活延伸，满足学生父母和社区的需要；家校合作共建对于提高家庭的教育质量，让父母更好地理解教育、参与教育，帮助父母树立正确的育人观念，掌握科学的育人方法，提高教育能力和水平，实现与孩子一起成长的目标。

家庭和学校作为儿童教育过程中两种主要的教育力量。如果形成合力，就能互相支持和配合，强化教育作用；如果不能形成合力，则互相削弱和抵消，学校的教育作用就无法充分发挥。苏联教育家苏霍姆林斯基说："教育的效果取决于学校和家庭教育影响的一致性。如果没有这种一致性，那么学校的教学和教育过程就像纸做的房子一样倒塌下来。"可见家庭参与教育对学校教育的效果具有极大的影响。

## 二、丰富多彩的葵园家校活动

### 1．召开有主题的家长会

2012年8月27日下午，一年级新入学的孩子还没正式到校上课，我就组织了第一次家长会，主题为"幸福地在一起"。介绍班级情况：班级现有学生42人，男生21人，女生21人，年龄最小的庄子悦2006年8月16日出生，最大的李卓衡2005年7月3日出生，本市户口30人，外省市户口12人，少数民族3人。然后介绍我自己。从这一天开始，我们有了这个新的大家庭，我和孩子们还有家长们将经常在一起，我们要共同努力，要幸福地在一起。家长会上，具体详细介绍开学前要做好哪些准备，开学后学校在学习和生活方面有哪些要求，使家长感到老师的工作具体周到、细致入微，从而信任老师，便于老师开展工作。从一年级到四年级我们共召开了七次有主题的家长会：

第一次：幸福地在一起

第二次：珍爱我们现在的时光

第三次：好好爱我们的孩子

第四次：享受孩子的成长

第五次：用书香浸润童年

第六次：记住要求、学有榜样、从小做起、接受帮助

第七次：做自己的主人

**2．开展“和孩子一起校园生活一日”活动**

每个学期，学校确定其中一天为“家长开放日”，在这一天，有时间的家长可以和孩子一起到学校“上学”一天，共同上课、共进午餐、课间共同游戏。

各个教室和专业教室的门都是敞开的，使家长更好地了解学校，了解学生，并积极参与到学生的日常生活中来。一天共同的校园生活后，与班主任和任课教师一道为班级的发展建设提出合理建议并出谋划策，使家长和老师很自然地成为教育的共同体，为教育好每一位孩子而共同努力。

**3．别开生面的家长讲堂**

2012年9月以来，我们通过召开有主题的家长会和家教讲座等形式，帮助父母更新教育观念，掌握教育方法。在这个过程中，我们也了解到家长本身也是重要的教育资源，他们来自社会上的各个岗位，有的是行业精英，把他们请进课堂，开展“家长讲堂”，既有效地利用家长资源，又能开阔孩子的眼界，拓宽孩子的思维。第一次走进课堂的是胡心怡妈妈，她给大家介绍蝴蝶，各种各样的蝴蝶把孩子们迷住了，孩子们一下子喜欢上蝴蝶，并对和蝴蝶有关的知识非常感兴趣。课后，孩子们舍不得心怡妈妈走，纷纷问阿姨什么时候能再来。孩子喜欢上了家长讲堂，从2012年9月至今，家长讲堂共进行18讲。

下面选取在家长进校园、进课堂活动中，“向日葵班”的4位家长参与班级各种活动的记录，其中所涉及的照片省略。

**【附一】 “和孩子一起校园生活一日”活动——汤姆爸爸的见闻**

## 汤姆爸爸在学校的一天

2012年10月26日（周五），学校统一安排家委会成员到校观察一天。一天下来，感觉首师大附小确实是一所好学校。

晨诵前诵读《弟子规》(在教室后门外拍摄)。学生们每次回到教室或每堂课等待上课的时候，郭老师都会大声带领同学们诵读（有时会交与学生带领)。多好的老师，多好的班主任！(今天有关活动的338张图片已上传班级相册；图片力求反映每一位同学的瞬间，反映班级、小组的情况，反映活动内容等情况)

郭老师的语文课（第一节课）实在精彩，以至于我没有更多的时间照相，但是我做了录音。听郭老师的课是一种享受——教学设计与课堂教学完美结合，体现在每一个环节，时时、事事、处处把握精巧，这是经验更是素养，没有爱不能够拥有；眼神、微笑、手势、语言和语音语调令人如沐春风。学生的热情被充分调动，争先发言，争先提问，相互欣赏并鼓励；学生错误的提问，转化为拓展教学内容。关注每一组学生，关注每一个学生。对太阳跳出来和太阳冒出来的情景，讲解巧妙，在学生用语言准确描述后，让大家一起用动作体会，寓教于乐，快乐学习于无形之中。这是一堂完美的课，这不是一堂语文课，这是一堂优秀教师的教育示范课。(请参照班级相册，1语文课图片)

第四节是体育课。课后同学们有40分钟的午餐及午读时间。在教室里，我与孩子们共进午餐，味道不错，量也足够，吃了一份就饱了。郭老师给每位孩子舀汤用了大约11分钟，然后给没吃饱的孩子添加主食（米饭或面饼)，接着告诉孩子们餐后午读要求，最后观察每位孩子的情况。不久，开始集合进行下午的统一训练营活动。有的家长可能已经发现，此时郭老师尚未用午餐，而且不是第一次了。直到放学，郭老师一直微笑着面对孩子，有时还要抱起孩子。放学解散后，有些家长还在与微笑着的郭老师沟通交流。这微笑令人感动！

我看到宋校长和教学副校长参加了课间操活动，宋校长在第三节课上课前在（1）班与学生们交流并听了这堂数学课。宋校长下午还参加了训练营活动。

（1）班的孩子好像特别喜欢提问，他们爱思考、爱交流，他们有礼貌、有热情，他们是幸运的、幸福的。

一所学校，取决于校长和教师。

这是一所好学校。

## 【附二】别开生面的家长讲堂——王浚伊爸爸讲《千字文》

### 尽一份心出一份力

开学初，郭老师诚请我给（1）班的孩子讲讲《千字文》。我欣然受命。原因有二：一是以此表达对郭老师倾心教育的敬意；二是为儿子所在班级的同学们尽一份心出一份力，责无旁贷。

我于传统蒙学自是下过功夫，想来对《千字文》的历史、义理、文采的体会不同于当下许多言论，其中受益于古人和今日的许多先生的精微处颇多，所以不会将孩子们带入歧途。唯有如何使孩子们明白、用他们可接受的语言、方式，以及孩子们会接受到何种程度，最是困惑着我的。

原计划用五次课讲解。一、从天地玄黄、宇宙洪荒的总纲开始，到化被草木、赖及万方，此为《千字文》所述的天道、地道、人道（兼及《千字文》的来历，蒙学经典的互补读法，千字文计数，书法，笔与文的差异）。二、从盖此身发、四大五常到坚持雅操、好爵自縻，讲修身之事（如何做人）。三、从都邑华夏、东西二京到旷远绵邈、岩岫杳冥，讲王者之事（历史人物、功治，典籍，地理，建筑之美）。四、从治本于农、务兹稼穑到篇末，讲君子治家处身之道（衣食住行、为学处事应对的道理）。五、合而言之，体现天人合一的精神，反复沉潜。

现实是，讲了两次课后，计划一尚未完成。欣喜与反省兼而有之。每位孩子都是一个奇妙的精灵。孩子们勤于思考，争相答问，其有精妙，令我敬畏。同学们有国学基础，据我所知，全班背诵过《弟子规》、《三字经》、《百家姓》、《论语》（节选），正在背诵《千字文》，这份整体的坚持让我敬佩。还有的同学在学习《笠翁对韵》《黄帝内经》《论语》等等，令我惊喜，这真是太好了！也有不少同学不喜欢国学或听不入心。我不断反省，如何更进一步地与同学们交流！如何激发同学们对优秀传统文化的“温情与敬意”！一定不能浮躁，要踏踏实实，要有呵护之心，一点一点、一步一步，要有经典的义理，要有身边日常生活的贴近。

我喜欢（1）班的孩子们。子悦同学在博客中表达了对我讲课的喜悦，我亦欣喜非常。这里有许多可敬的家长一直在为孩子们的健康成长无私奉献。楚涵家长说：“孩子们的成长需要我们大家的关注和支持！”诚哉斯言！诚哉心愿！这句话非常平易，非常伟大！这是我们（1）班家长的共识，而且一直在实践。家校共育，担负起责任。

**【附三】潘睿章爸爸家教经验介绍**

## “勿忘初心　快乐为本”

尊敬的各位老师、各位家长：

大家好！我是二年级（1）班潘睿章的家长，孩子小名叫毛毛，所以大家叫我睿章爸爸或者毛爸都可以。

非常荣幸能有机会在这里跟大家一起交流有关孩子家庭教育和成长的话题，同时也交流一下作为学生家长对咱首师大附小的切身感受。谢谢学校领导和各位老师的信任。

说到教育问题，我和孩子妈妈都是理工科出身，没有什么高深的教育理论基础，平时对孩子的教育基本都是基于自己一些朴素的理解。对于孩子的教育和培养，我们认为只要基于两个词就好，叫作：勿忘初心、快乐为本。

所谓“勿忘初心”，就是经常提醒自己不要太过偏离对孩子最初的或说最基本的期望。不知从什么时候起，“不要让孩子输在起跑线上”这句话被发明出来，并成为激励千千万万个家庭培养孩子的最高指引和强大的驱动力，并形成了一个普遍的社会现象：孩子还没出生，就在妈妈的肚子里接受胎教；婴幼儿时期，就开始接受各种名目的早教；小学低年级的内容开始逐步提前进入到幼儿园阶段；而小学，则开始出现向初中课程小步快跑的倾向。于是，孩子们的大部分时间，要么是花在各种各样的兴趣班、培训班或者补习班上，要么就是花在去这些班的路上，而真正属于孩子自己应有的童年时光则是少之又少。在这个过程中，还有部分家长甚至把很多自己没能实现的愿望或期望也加在了孩子身上。这样的结果是，孩子累得够呛，家长自己也非常地不轻松。

其实认真想想，真的需要这样吗？回想一下，我们自己的童年，好像是和小伙伴们一起在大自然中痛快玩耍的时光要更多些，基本上是被散养或放养的情况要更普遍一些。现在看看，我们自己不也都挺好的么！今天在座的，也不乏很多的成功人士啊。所以，个人观点，可能我们只是太容易被这个喧嚣的环境所绑架，以至于忘记了我们对孩子最初的期盼。我记得，在儿子呱呱坠地的产房外，当时闪过我心头的那个愿望真的很简单："只要孩子不多根手指头，也别少了哪样；只要孩子是个健健康康的全活人，以后怎样，都不重要。"不知其他家长是否也曾有过这样的念头。

关于"快乐为本"，这里有个真实的案例。前几年，我的一个做公司财务总监的同事，费了九牛二虎之力，终于让他的女儿进了中关村的某著名小学。但仅仅上了不到两年，他就把孩子转回了自己小区所在的一所普通学校。问他原因，他说不是因为孩子跟不上学校的学业或其他客观情况，而是他发现孩子在那里非常压抑，很少能感受到学习的快乐。当然，举这个例子并不是说这所学校不好，只是说，我们其实应该还可以有更多别的选择。

说到这个问题，我觉得首先要弄明白我们让孩子上学的根本目的是什么。是为了让他们掌握那一大堆我们硬要灌输给他们的知识，还是为了让他们长大后能挣大钱、当个高级别领导或大官，成为一个现在所谓的"成功人士"呢？我想，这都不是，也不应该是我们作为家长所追求的重点。孩子上学的根本目的，其实应该是为了在学习的过程中，不断去体验和感知各种领域和技能，从而最终找到属于自己独特个性的长处或兴趣所在，并在以后的人生历程中将自己的长处尽量发挥到极致。若能如此，他必将能在这个过程中感受快乐并最终收获成功。说起来，我们这一代人从某种角度来看，其实很多人可能并不清楚自己真正的兴趣或者擅长的是什么，同时也就已经丧失了感受快乐的能力。我自己似乎就是这样，不知道各位是否有同感。

所以，作为家长，我们平时的重点就是为孩子努力营造宽松的环境，并督促和陪同孩子在快乐中不断成长。只有快乐了，孩子才可能真正发现自己的兴趣所在，并潜心于该领域，也才能更好地不断创新并真正有所建树。

非常庆幸和感激的是，我们睿章能进入首师大附小这所崇尚童心教育的学校，能在这样一群心怀先进教育理念，并充满爱心的老师的悉心教导下快乐成长。到现在我都还记得孩子妈妈在孩子一年级入学前参观学校后的兴奋之情。那天，她回来告诉我的第一句话是："我今天去学校参观了。你知道吗，那里真的很好，连小孩课桌的摆放都跟其他学校不一样。"当时，她还随机采访了几个高年级学生，问他们在学校是否开心快乐，得到的回答是一致的肯定和孩子们天真灿烂的笑容。

所谓"童心教育"，我们理解，其实质就是对儿童天性的充分尊重和释放，是对儿童成长客观规律的完美诠释和实践。高年级的情况虽然我们还不是很了解，但孩子在一、二年级的情形，已经足以让我们家长和孩子一起充分感受到了这里的美好。别的不说，至少到目前为止，孩子从来没有像其他有些学校的学生那样每天拿回来大堆的家庭作业。每天，孩子都是开开心心上学，高高兴兴回家，休息和娱乐时间都有充足的保证，而孩子的学习成绩和多方位的成长，也同样让人欣喜。

我们都知道，广泛地阅读和勇敢地表达是我们知识积累、相互沟通和终生成长的最佳方式之一。从一年级起，孩子班上就以晨诵、午读和暮省，以及口语自我表达、写绘和写话等方式提倡积极阅读、积极表达，培养孩子们的语言能力，并在家长们的帮助下利用"希望谷"这个网络平台相互之间进行交流。坦率地说，最开始我是不太看好这件事的。记得我们小时候是从三、四年级才开始简单写作的，还经常词不达意。现在孩子才六、七岁，他们能很好地组织语言进行表达吗？能每周口述一篇周记吗？能坚持每天阅读吗？不到半年，这些疑问就都有了肯定的答案。潘睿章很喜欢让我们记录他的见解和想法，有时候，他甚至一周内会口述好几篇博客。特别让我们感动的是，班主任郭老师几乎对每个孩子的每一篇博客都进行了非常到位的点评，家长们也都自发地在博客中对孩子们进行鼓励，让孩子们觉得他们的想法受到重视，也就更愿意去表达了。

此外，孩子班上还开设了“儿童大讲堂”和各种课外兴趣小组，其他各门学科也严格按教学大纲的要求稳步推进并因材施教。这些，都让孩子们在不知不觉中既学到了丰富的知识，也培养了浓厚的学习兴趣和良好的学习习惯。

孩子们的快乐是我们家长的责任，当然更离不开学校和老师的精心呵护，孩子们在校的点滴进步都渗透了老师们辛勤的汗水。在此，请允许我代表在座的各位学生家长，对辛勤工作的老师们表达由衷的谢意：“各位老师，谢谢你们！”

作为学生家长，我想我们继续要做的，就是协助学校落实好童心教育的各项举措，并陪同孩子一起努力前行。我所在公司的企业文化中有句话是“快乐工作，快乐生活”，很简单的一句口号语，但蕴含了很多的人生哲理。我把它改一下，是“快乐学习，快乐成长”，把它送给我们每个可爱的孩子，同时也送给我们自己。

我相信，在咱们首师大附小这样宽松与严谨并重、尊重科学规律与不断创新实践并举的环境中，我们的孩子一定会为将来成长为一棵棵独具特色的参天大树打下坚实的基础。

谢谢大家！

### 【附四】庄子悦妈妈为诗集《向日葵·爱》写序言

## 孩子们，诗意地栖居吧

一个有诗意的、能在平常的生活中发现美的人，是有福的。眼下的这个诗集，是“向日葵班”的42个孩子的习作，也是他（她）们在发现美的历程中，迈出的稚嫩而重要的一步。

拥有诗意的童心是美好的。拥有诗意的童心，能在一只小小的蜜蜂里感受神灵，能在一粒小小的尘埃里闻到芬芳。我们“向日葵班”的小诗人们，就拥有这样美好的童心。他（她）们用好奇的眼睛观察着，用质朴的童心探索着，用童真的话语表达着，就这样，他（她）们成就了这本小小的诗集。

童心是美好的，然而它却需要我们的呵护，才能快乐无忧地成长。在这个功利扰攘的时代里，我们——新教育的实践者们，要为孩子们筑造一个诗意的空间，让他（她）们在这个空间里，尽情地挥洒想象力和创造力，发现美好，并且创造美好。我们相信，一个拥有了审美情趣、体味了精神享受的孩子，长大后既不会百无聊赖，沉迷于鄙俗单调的娱乐，也不会一心求胜，在无休止的竞争中迷失自我。一颗善于发现美的、拥有诗意的心灵，将同时拥有充盈的生命热忱和恬淡的人生境界。他（她）将是奋勇搏击的，但他（她）也懂得时常放慢脚步，体味生活，关注他人，亲近自然，从而收获完整幸福的人生。

诗性的教育，对于完整人格的培育，是不可或缺的。时下的人们，往往注重知识的获取和理智的培育。这些固然重要，然而，要使孩子成为一个完整的人，一个能感受幸福的人，直觉、领悟力和情感能力的培育必不可少。诗歌的欣赏和创作因而是重要的：它能打动情感，激发想象，促进孩子灵性的成长。正是出于对诗性教育的这一共识，我们“向日葵班”的孩子们，坚持在晨诵、午读和暮省时欣赏古今中外的美好诗歌，坚持仿写和自创诗歌。

诗人荷尔德林曾经说过：人的一生充满辛劳，却仍然可以诗意地栖居在大地上。我们“向日葵班”的孩子们，才刚刚开启人生的旅程。祝愿你们在人生的旅途中，能感受美好，拥有诗意。

## 三、家校之间“每周一文”交流

当前家校联系的方式很多，常用的有家长会、家长学校、家访、打电话、发微信、建立家校联系卡等等，总之，学校教育离不开家庭的配合。苏联教育家苏霍姆林斯基曾把学校和家庭比作两个“教育者”，认为这两者“不仅要一致行动，要向儿童提出同样的要求，而且要志同道合，抱着一致的信念”。怎样才能达到家校要志同道合的目的呢？为了便于家长更加细致地了解孩子的在校生活，能更好地参与到教育当中来，我学习郭明晓老师“每周一信”记录孩子在校生活。我把每周一信变为每周一文。这是我们“向日葵班”特有的班主任和家长的沟通方式，成为葵园中的“蜜语”。从三年级下学期第一周开始，每周一文，到现在已经完成53篇，其中的40篇记录了2015年全年的文章，已经入选首都师范大学附属小学“童心教师系列”丛书，书名《童心“桥”》。

班主任这样的每周一文，便于孩子父母全方面了解孩子的在校生活，能在对孩子的教育过程中，配合学校和班级开展各种教育活动，保持家庭教育与学校教育的一致性，使学生能更健康地成长。

【附】

### 时光不会辜负脚步

1月29日，我们隆重开展了“朵朵葵花向阳开”期末生命庆典活动，朱永新老师、著名作家童喜喜、中央教科所冉乃彦教授、新阅读研究所杨子湘老师、宋校长、史书记、工会孟主席等人参加了咱们班的庆典活动。我们班荣幸地成为被关注、被关爱的班级。朱老师和喜喜老师从活动中欣喜地看到了孩子们的成长，对我们一个学期以来的努力和进步给予了肯定和鼓励，同时提出了一些建议和努力的方向。那方向，对于我们来说，就是——明亮那方。

1月30日上午，学校召开本学期结业式，9:30放学。10:00在咱们班召开全体任课教师会，我们开始思考研讨下学期的行动计划。是的，一个学期的结束同时意味着新的一个学期的开启，只有行动才有收获，相信吧，时光不会辜负脚步！

放假了，我们首先要策划一下，过一个充实美好的假期。

继续创作诗歌。喜喜老师说，咱们班孩子创作的诗歌可以整理成册，出书，出真正的书，告诉我下学期就做这件事。出这本真正的书，标准和要求也自然会提高，只是仿写绝对不行。还记得王浚伊同学的《雨》、谢心欣同学的《捉迷藏》、钟辰同学的《猫》以及庆典活动中朗诵的那些诗吗？像这样有孩子独特的情感体验，能感受到孩子灵动的思维和丰富的想象在字里行间轻盈地舞蹈，这样的文字组合在一起，就成为美好的儿童诗了，我们要向这个目标努力。这个假期，老师建议自主创作3～5首诗，而创作，一定离不开阅读。我们读雪野老师主编的《雨中的森林》，当然，也可以读其他的好诗，一边阅读，一边创作，一边绘画，充满诗情画意的日子会是非常美好的，并且，经过我们的努力，这种美好会传递。

继续阅读课外书。考试之后，绝大部分同学购买了老师推荐的米切尔·恩德的《永远也讲不完的故事》，这本书非常非常好，可是喜喜老师讲，对于三年级孩子来说，有些难，很可能有大部分同学读不懂，可以暂时放一放，她建议换一换。于是，就在昨天晚上，我开始重新思考，结合新教育新阅读研究所的推荐和咱们班孩子的需要，选定以下三本书：

| | | |
|---|---|---|
| 文学 | 《亲爱的汉修先生》 | [美国] 贝芙莉·克莱瑞著，柯倩华译 |
| 科学 | 《奇妙的数王国》 | 李毓佩著 |
| 人文 | 《图说中国节》 | 大乔编著 |

我猜想，这些书有的同学早已读过，读过的同学自主选择图书阅读。不论读哪本书，别忘了填写好阅读记录单，假期的阅读记录单填写在已经下发的寒假作业本上，以方便老师查看和了解情况。孩子毕竟是孩子，他们还是很需要我们的提示、指导、鼓励和督促的，请孩子的父母和老师一起做好这件事。读书之后，自己创作一份阅读报，A3纸，开学后在班级墙报中展示。

继续在写作上下功夫。从这个寒假开始，我们进行“口头作文”的研究和实践。“培养卓越口才”是新教育的六大行动之一，我们进行“口头作文”的训练，是为了让孩子们思维敏捷，表达流畅，在当众说话时能落落大方，有条有理。万事开头难，只要我们做起来，坚持做，就能看到孩子们一点点在进步，在成长。这个假期，我布置了10次口头作文，听上去数量可能有点多，确实有困难的同学可以和老师联系，老师会针对个别同学的情况再思考。刚起头儿，孩子们不要拘束，留心生活，观察生活，可以从讲述听到的、看到的、读到的，身边的人、事、景、物等说起，哪怕只说了一分钟，只要行动，就有收获。开学前，从10篇“口头作文中”选出自己最满意的1～3篇抄写在作业本上，同时发送到班级博客中。开学后，每人上交一篇口头作文录音，我们集体分享。

下个学期，我们继续开展“儿童讲堂”和“孩子父母或其他长辈进课堂”活动，这是属于我们班特有的美好时光，非常期待大家的积极参与，只要用心和努力，我们会营造出更多的美好。

朱永新老师说过，新教育的目标是让老师和学生共同过一种完整幸福的教育生活。新教育看重的不是分数，而是孩子是否成为善良、快乐的人，而分数，是新教育孩子能得到的额外奖赏。只有内心真正感到幸福和快乐的孩子，才会有创造力和想象力。新教育不鼓励竞争，而是激励和帮助每个孩子发现自己、做最好的自己。

朱老师还鼓励孩子父母和孩子们一起成长，他表示，只有孩子父母好好学习了，孩子才能天天向上。下个学期，我们会组织家长座谈会，可以谈谈如何指导、引领孩子阅读、做家务、知礼仪、和同学相处等等，用我们大家的智慧共同熬一锅美好的“石头汤”。

2015年，我有这样一个打算，每周写一篇文章（寒暑假除外），一方面记录我和孩子们的校园生活，方便大家了解情况；一方面也采用这个方式鞭策自己不停地读书和练笔，做孩子们的老师，不只是在讲台上教书，更重要的是在行动中引领和提升。我想请大家也行动起来，像回信一样回应我的文章，说说您的思考、想法、建议等等，当然，不是每个人每次都回应，一篇文章有两三位家长回应就可以（具体情况请家委会代表浚伊爸爸安排），其他家长可以随时在班级博客评论中给老师留言。咱们班42个孩子，您每学期只需回应一次，其他时间自主留言，这样，我们大家就都能够参与到咱们班的建设当中，同时也能多一个互动沟通的途径，更好地形成合力，为孩子们的茁壮成长助力。

时光不会辜负脚步。我们，正走在路上……

加油！

郭丽萍老师

2015年1月30日

**部分家长留言：**

**唐楚沣妈妈：**迈着坚定的步伐，享受这一路的风光。我们也需要成长。会支持郭老师的安排，也祝郭老师假期愉快！

**张嘉迅妈妈：**周末的一大早就收到了老师的短信，能想象到老师为咱们“向日葵班”，真是起早贪黑。老师都这么兢兢业业，作为家长的我们，更应该把心放在孩子身上。谢谢郭老师！感谢您的贴心安排。正在给嘉迅做假期学习计划，希望她每天都能够充实地生活，能够度过一个有意义的假期。

**李卓衡妈妈：**看了您的学习计划，真心感受到您的付出超过了我这做家长的很多很多，平时在家真的很少看书，没有给孩子做好榜样。新的学期我和卓衡一定紧跟郭老师的步伐前行。

**高静如妈妈：**看了郭老师的这篇文章，很感动。紧张的一学期工作结束之时，老师想的不是如何好好休假，而是思考孩子们的教育，下一步的工作。我们一定配合郭老师的安排，和孩子共同成长，时光不会辜负脚步，向着明亮那方，我们一起加油！

**王浚伊爸爸：**感动和敬意！昨天下班前，郭老师电话与我谈起此事（学校已经放假了！）；昨晚十点郭老师发了此文；今晨每位家长接到此事的短信。因为工作，因为此事，下午一点赶回家里，一边用餐，一边阅读思考，近两小时，不能止。

古人云：“有教无类，因材施教。”不知现实有多么骨感！“教学相长”不只是老师和学生，也要家长和孩子。在首师大附小，有宋校长和郭老师，条件已经具备，在校师生，在家父子（家长和孩子），三位一体的教学相长条件已经具备。抓住机遇！

习近平总书记强调，教师重要，就在于教师的工作是塑造灵魂、塑造生命、塑造人的工作。一个人遇到好老师是人生的幸运，一个学校拥有好老师是学校的光荣，一个民族源源不断涌现出一批又一批好老师则是民族的希望。

我与浚伊共勉：“君子义以为质”，为所当为，不求流行和时尚，能潜心修身，用力“志于道，据于德，依于仁，游于艺”。几乎不为“口号”所动。郭老师所言：“时光不会辜负脚步，向着明亮那方。”的确还是让我感动！

浚伊不断提醒我：一定要完成爸爸对他的假期承诺——讲故事等。对此事，我会进一步思考、行动。

**刘景天妈妈：**紧跟郭老师的步伐，向前！因为我们有方向！

**李江浩爸爸：**我们为孩子能够遇到这样用心的老师感到庆幸，愿共同携手为孩子的成长一起努力，衷心感谢郭老师的辛勤耕耘。

## 思考与建议

1. 成立班级家委会，定期交流。
2. 邀请孩子父母参加班级重大活动。
3. 发挥孩子父母的力量和资源，共同建设班级。

# 只要行动就有收获　只有坚持才有奇迹

## （后记）

“只要行动就有收获，只有坚持才有奇迹。”四年来，这句话一直张贴在我们班级的显著位置，写给孩子们，也写给我自己。

我深深知道，自己从来不是聪敏之人，上学时没考过第一，更不是学霸，工作中也不是单位的佼佼者。我从教20多年，先后任教于延庆县的山区学校黑汉岭小学、半山区学校太平庄小学、延庆县直属学校第三小学、

海淀区重点小学首师大附小，一直都是勤勉而努力着的老师。天道酬勤，生命中遇到越来越多的贵人，许多好事情、好机会悄然降临到我身上。

成为朱永新老师的“徒弟”，这是我连做梦都不敢想的事。2013年12月，我们首师大附小为此举行了隆重的拜师仪式。朱老师有多忙碌，新教育人有目共睹。他每个学期一定会抽出时间来参加我们班的生命庆典，每次庆典之后都诚恳地指出问题与不足，并提出努力的方向。他为我引荐新教育种子教师、首席培训师飓风老师为师父。飓风老师从四川宜宾飞往北京为我指导多次，她手把手地教，一点一点带着做。我们一起住在学校旁边的宾馆里，晚上研究到凌晨两三点是工作常态。朱老师的引导，以及新教育团队给予我的关怀与厚爱无以回报，只能在我的“向日葵”教室里不断探索、实践，再探索，再实践。我深信：只要行动就有收获，只有坚持才有奇迹。

我能参与新教育实验，能有今天的天时地利人和，得益于我的学校——一所伟大而具有魅力的童心学校——首都师范大学附属小学。宋校长和所有中层领导对我参加新教育实验非常支持：需要经费，给；需要培训，去；需要专家，请。学校为我搭建了起飞的平台。

当然，要做好新教育实验还是困难重重。书到用时方恨少，一点儿不错。说实在的，我深知自己的专业理论根基不够扎实，阅读量小，缺乏深入思考。回顾这二十几年的工作，我很大一部分精力都用在赛课上。从上班第一年开始，便得到领导信任，参加各级各类的赛课。品德课、劳技课、数学课分别获奖。印象最深的是一次数学赛课，经年级组初赛、学校数学老师决赛，再到学区片赛、县级赛，获得一等奖的三人要封闭在宾馆里，再次抽签，给一天时间，第二天现场赛评出冠军、亚军、季军。整个学期我都在全力以赴“拼”赛课。拿到冠军证书时，并不是欣喜不已、喜极而泣，而是长长叹口气，终于结束了。那种疲惫感无法言表，现在想想都觉得苦不堪言。赛课之路一直在继续着。我在延庆第三小学时，同组的一位老师参加北京市青年教师阅读研究课，市级赛课每两年进行一次，每个区、县只一人参赛，学校和区、县教育局高度重视，提前半年就为此作准备，临近比赛一个月，我同事病倒了，学校研究后让我顶上。从这一次赛课，我的研究方向由数学变成语文。一个月时间，班级被安排给其他老师管理，让我全力备赛。我每日白天试讲、晚上修改，本学校的班级都讲过了，去县城其他小学再试讲，为适应北京市区的学生，再到北京的一些小学试讲。经过20多次试讲，我对整个教学流程真的可以倒背如流，遇到各种突发情况也能灵活应对，终于获得了一等奖的好成绩，这是我们县参加市级语文学科赛课第一个一等奖。而我清楚地知道，这都是教研员和专家们帮助的结果，我还是原来的我，学科知识功底依旧是老样子，并且身心俱疲。我想躲一躲，恐惧赛课。但是依旧躲不了，以后的日子记不清又参加了多少次赛课。我的精力耗在各种各样的赛事上，纵然获奖颇丰，但我知道，这并不是我内心深处想要的日子。我渴望宁静—— 一盏灯、一杯茶、一本经典读物的日子，但又渴望变化。新教育给了我这种全新的感受。

做新教育，我最缺的是时间。我如饥似渴，太需要书籍的润泽和艺术的熏陶了，有多少时间拿来阅读好书都觉得不够。我从家里到学校，顺利的话上下班需要两小时，可是，堵车在北京已是常态。我需要参加种子教师群晚上交流、网上师范学院学习，常常是我到家，那边的活动也快到尾声。生日赠诗、写随笔、阅读等都是在和我的睡眠挤时间。我自己的时间还可以像挤牙膏那样挤一挤，而班级学生可利用的时间就是最大的困难了：前六节课是学校安排的课程，雷打不动；六节课后学校有几十个社团开始活动，每个社团都对孩子的成长有极大的帮助，我向来支持孩子们参加。我向学校要课，希望多些课时，如果哪位老师外出开会把课给我，我会欣然接受。我们的集体共读共写、创作以及演出活动都需要时间。朱老师根据新教育榜样教师的经验，建议我用一半时间把课本学完，学校也大力支持。我开始在精讲方面下功夫，大约两个半月时间完成课本教学，然后进入实验课程。

纵然时间紧、功底薄、压力大，但在做的过程中我感觉幸福满满。尤其是每日晨诵，每一个新的清晨都和一首好诗相遇，师生一起美美地读，有滋有味地读，边读边自己创编，当一首首充满童真童趣的小诗出自我自己教室里的孩子们时，那种美好感、成就感、幸福感顿时飙升，我们都乐在其中。晨诵带来的美好感只是诸多美好之一，我们共读一本书、共演一幕剧，从共读交流，到创编剧本，到角色竞选，再到一幕幕排练，这个过程是体验生命成长的过程，在克服困难中成长，在战胜自我中成长，在迎接挑战中成长。作为老师，能有什么比看到孩子们不断进步成长更欣慰呢？孩子们的写作水平迅速提升，作品陆续在《作文导报》《北京晚报》发表。记得一次我把稿费领取通知单转给李江浩同学，问他这是第几次有个人收入了，他说不记得了。“不记得了”，我俩相视而笑。郭文韬、赵紫珊、丁瑞阳在学校举行的“我喜欢的一本书” “发散思维主题演讲”中获得一等奖，丁瑞阳同学被推荐参加海淀区演讲比赛，继而被推荐参加北京市环保演讲赛，并接受北京电视台记者采访，在《晚间新闻》《北京您早》栏目播出。这样的喜悦就是自然而然地洒落在每一个平常的日子里。

我19岁走上讲台，做教师已经26年，现在也是人到中年。中年，不是一个年龄，而是一种状态，生活日趋稳定固化，对许多事物开始兴趣大减并感到疲于应付。对中年而言，最大的困扰不是没有热情，而是维持热情后继乏力。我呢，经由新教育理念的润泽和引领，工作辛苦但不倦怠，身体疲惫但依然不缺少热情，每日阅读笔耕平淡却不缺少欢乐。在自己的教室里，展开一个又一个小行动，做得有滋有味。借用新教育榜样教师蒋长玲的话说，在践行新教育十大行动的过程中，我和孩子是幸福的，我们的日子里是面带笑容的。我并不领先，但我在行进。我并不优秀，但我很幸福。这就够了！

当然，在做的过程中我也没想到要出版图书。四年来，我积累了很多孩子们的作品，可以说是一些小成果。但我每一个行动是如何做的缺少具体记录，使得这本书的出版一波三折。在我决定放弃的时候，童喜喜和西西两位老师约我，帮我想书的名字，指导我如何搭建框架。我的最大优点是行动力强，一点点一篇篇整理，终于有一天，喜喜老师发信息给我，告诉我书稿已经交给了出版教育图书的资深编辑文龙玉老师了。我大喜，功夫不负有心人，有种大功告成的感觉。万万想不到的是，修改完善书稿的工作又是一个刚刚开始。文老师对我十五万多字、十个章节的书稿进行详细审稿，要求打磨。我俩天天微信传情，电话连音，她从点滴处、细节中耐心指导我如何修改、怎样写，许多稿件都是深夜或凌晨传来递去，双休日和节假日也被塞得满满的。基本提纲的确定，第一个章节的完成，竟打磨了近两个月！行动就有收获，在文老师悉心指导下，我收获的不是一本书，而是渐渐摸着一些写作的门路，这收获要比出书大得多。

朱永新教授百忙之中为我的书稿写序，飓风师父经常关怀鼓励，我们学校的宋继东校长、王花英书记、李晓辉副校长鼎力支持，还有我们语文组王亚新主任、四年级语文组长黄琨老师以及同年级的伙伴们为我分担了很多其他工作；在我生日之际，同办公室老师们悄悄送上价格昂贵的肩颈部按摩器，告诉我长期在电脑前俯首低头时，顺便敲敲肩揉揉颈，“优雅”地劳作……大家对我的好，不是“感谢”二字能承载得了的。

还要提及的是，我的先生李茂森和女儿李海旭对我的工作特别支持，一直鼓励我做我喜欢的事儿，对我有着太多的关爱、理解和包容。

我知道，新教育实验是一个永无止境的探索过程，本书只是参与实验四年来的一个小结，是行动途中留下的一个足印而已。

幸福完整的教育生活是用心经营而来的，我会继续努力和孩子们一起做幸福的向日葵。在此用我们班赵紫珊同学三年级时写的一首小诗作结：

### 做幸福的向日葵

赵紫珊

我们是幸福的向日葵，
永远追随着太阳。
我们是幸福的向日葵，
谦虚感恩，春华秋实。
我们是幸福的向日葵，
张张笑脸，每天阳光灿烂。
我们是幸福的向日葵，
冲破乌云，前面一片璀璨。
只有行动，才有收获，
只要坚持，就有奇迹。

郭丽萍
2016年6月